GOODBYE... ET
BONNE CHANCE!

DISTRIBUTEURS EXCLUSIFS:

- Pour le Canada et les États-Unis:
  LES MESSAGERIES ADP*
  955, rue Amherst, Montréal H2L 3K4
  Tél.: (514) 523-1182
  Télécopieur: (514) 521-4434
  * Filiale de Sogides Ltée

- Pour la Belgique et le Luxembourg:
  PRESSES DE BELGIQUE S.A.
  Boulevard de l'Europe 117
  8-1301 Wavre
  Tél.: (10) 41-59-66
      (10) 41-78-50
  Télécopieur: (10) 41-20-24

- Pour la Suisse:
  TRANSAT S.A.
  Route du Grand-Lancy, 2, C.P. 125, 1211 Genève 26
  Tél.: (41-22) 42-77-40
  Télécopieur: (41-22) 43-46-46

- Pour la France et les autres pays:
  INTER FORUM
  13, rue de la Glacière, 75624 Paris Cédex 13
  Tél.: (33.1) 43.37.11.80
  Télécopieur: (33.1) 43.31.88.15
  Télex: 250055 Forum Paris

David J. Bercuson et Barry Cooper

GOODBYE... ET BONNE CHANCE!

Les adieux du Canada anglais au Québec

Traduit de l'anglais par
Claude Fafard
et Stephen Dupont

le jour,
éditeur

Données de catalogage avant publication (Canada)

Bercuson, David Jay, 1945-

    Goodbye et bonne chance: Les adieux du Canada anglais au Québec

    Traduction de: Deconfederation.
    Comprend un index.

    ISBN 2-89044-439-2

    1. Québec (Province) — Histoire — Autonomie et mouvements indépendantistes.
2. Gouvernement fédéral — Canada.   I. Cooper, Barry, 1943- .   II. Titre.

FC2925.9.S4B4714   1991   971.4'04   C91-090800-1
F1053.2.B4714   1991

L'ouvrage original a été publié par Key Porter Books Limited
sous le titre *Deconfederation*
(ISBN: 1-55013-356-X)

Dépôt légal: 4e trimestre 1991
Bibliothèque nationale du Québec

ISBN 2-89044-439-2

NOTE DE L'ÉDITEUR

L'expérience de l'unité canadienne s'avérant un échec, le temps est venu, disent les auteurs de cet ouvrage, de négocier le divorce et de procéder au partage du territoire. Cette vision nationaliste du Canada anglais — qui, si elle ne fait pas l'unanimité, prend néanmoins de plus en plus d'ampleur — paraîtra sans doute provocatrice à plus d'un Québécois.

Il nous est toutefois apparu d'une importance primordiale, dans le contexte des débats constitutionnels actuels, qui seront vraisemblablement déterminants pour l'avenir du pays, de faire connaître le point de vue de nos interlocuteurs canadiens-anglais. C'est ce qui a motivé notre décision de publier la version française de ce livre très polémique.

À la mémoire de René Lévesque*

* Les mots et expressions en italique suivis d'un astérisque étaient en français dans le texte original. *(N.D.T.)*

PRÉFACE

Il est temps de discuter en toute franchise du passé, du présent et de l'avenir du Québec et du Canada. Nous voulons, par le truchement du présent ouvrage, apporter notre contribution à ce qui doit devenir un débat national, formulé en termes réalistes, en dehors de toute émotivité ainsi que de l'ambiguïté et des euphémismes auxquels nous a habitués le langage diplomatique. Les événements qui se sont déroulés au Canada depuis la mort de l'Accord du lac Meech, survenue le 23 juin 1990, nous ont démontré que l'expérience canadienne est un échec. Cette dernière tentative visait à satisfaire les aspirations particulières d'une importante minorité — les francophones du Québec — à l'intérieur des limites d'une démocratie libérale constituée d'immigrés d'origines diverses, y compris de Français.

Pareil constat d'échec n'a rien d'exceptionnel. René Lévesque en arriva à la même conclusion lorsque, en 1968, il publia *Option Québec* et fonda le Mouvement souveraineté-association. Il avait parfaitement raison d'affirmer que le Canada ne peut survivre si les francophones et les anglophones du pays se comportent comme deux scorpions prisonniers d'une même bouteille. Il est temps de briser cette bouteille et de permettre aux deux scorpions de s'en échapper, puis de recoller les morceaux. Lorsque deux conjoints divorcent après un trop long mariage, la douleur de la séparation fait place, avec le temps, à l'espoir d'un avenir meilleur pour les deux partenaires. Nous sommes persuadés qu'il en sera de même pour les Canadiens et les Québécois.

Cette conclusion s'est imposée à nous à partir de deux prémisses opposées. Albertain de quatrième génération, Barry Cooper a grandi dans l'Ouest canadien, où il était bien vu, pour une personne cultivée, d'apprendre le français... ou le latin. À l'instar de nombreux immigrés établis dans l'Ouest et forcés de recommencer leur vie à zéro sur un territoire éloigné des centres de décision et des grandes préoccupations politiques et sociales du Canada, il en était venu à croire profondément aux valeurs de la démocratie libérale. Une fois son diplôme universitaire en poche, Cooper a vécu et enseigné au Québec et en Ontario. S'il fut fortement impressionné par l'honnêteté, l'intégrité et le courage de René Lévesque — qu'il admirait et appuyait — et des membres du Parti québécois, il le fut moins par leur tendance à faire appel à l'émotivité des Québécois. (Il faut dire qu'en tant qu'habitant de l'ouest du pays il éprouvait quelque difficulté à se sentir concerné par leur message.) À cette époque, il n'approuvait ni ne désapprouvait la politique officielle de bilinguisme; il considérait plutôt qu'elle passait à côté de la question.

L'opinion de Cooper sur les relations Canada-Québec était également tributaire de sa conception de la politique, qui se fonde essentiellement sur les principes gouvernant la démocratie libérale. À force d'observer les incessantes querelles constitutionnelles qui se sont déroulées au cours des dernières années, il en est venu à la conclusion que le régime canadien, fondé sur la démocratie libérale, subit des pressions intolérables, qu'il est impossible d'atténuer dans le cadre constitutionnel actuel.

David Bercuson est né et a grandi dans le Montréal anglophone. Ayant connu le joug de Duplessis, lui et plusieurs anglophones à l'esprit libéral accordèrent leur appui massif à la Révolution tranquille. Il acclama vivement René Lévesque lorsque, à l'automne 1962, celui-ci se rendit à l'Université Sir George Williams pour rallier les étudiants, ces fils de «Rhodésiens de Westmount», à la cause de la nationalisation des compagnies privées d'électricité. Mais il parut tout aussi naturel à Bercuson d'accorder son appui au jeune Pierre Elliott Trudeau et à sa vision d'un Canada bilingue. En 1968, il participa d'ailleurs activement à la campagne électorale de Trudeau.

En 1970, Bercuson se rendit dans l'Ouest, où il découvrit un Canada passablement différent de celui qu'il avait connu durant son enfance. Il soutenait toujours avec conviction la politique de bilinguisme visant à permettre aux Québécois de se sentir chez eux partout au Canada. Mais, au milieu des années 80, il fut peiné de voir que les efforts de certains premiers ministres provinciaux — dont

Peter Lougheed de l'Alberta et son successeur, Don Getty — visaient désormais à créer dix nations là où il n'y en avait eu jusque-là qu'une seule. Les péripéties entourant l'Accord du lac Meech lui démontrèrent que le Canada — ou ce qu'il en restait — ne pouvait être sauvé que si l'on permettait au Québec de voler de ses propres ailes.

Nous sommes tous deux prêts, à présent, à prôner la séparation totale du Québec et du Canada. Par rapport à tout ce qui a été proposé jusqu'à ce jour, c'est de loin la meilleure solution à nos problèmes. En fait, compte tenu de la réalité historique, c'est la seule solution possible. Dans plus d'un milieu, on nous accusera d'être de rustres Albertains cherchant à éliminer toute trace de français des boîtes de céréales, à restaurer le gallon impérial et à obliger tous les immigrés à s'intégrer à la culture anglo-saxonne. Mais la vérité est tout autre. Nous trouvons déplorable que l'expérience canadienne ait échoué, mais nous serions encore plus désolés si les Canadiens (anglophones et francophones) étaient incapables de comprendre que le diable continue de les faire danser sur sa musique et que cette musique doit s'arrêter. Il est temps de tirer sur le pianiste. Si le lecteur choisit plutôt de s'en prendre à nous, qu'il en soit ainsi.

David Jay Bercuson
Barry Cooper

REMERCIEMENTS

Pour écrire ce livre, nous nous sommes appuyés sur le travail de spécialistes, sur des articles de journaux et des reportages ainsi que sur notre interprétation personnelle des faits. Les auteurs dont les noms suivent ne sont par conséquent pas responsables de l'usage que nous avons fait de leurs ouvrages, mais il nous est apparu tout naturel et comme la moindre des politesses de les remercier de leurs efforts.

Outre les articles de journaux et de magazines, nous avons puisé aux sources suivantes: *The Gallup Report*; Robert L. Mansell et Ronald C. Schlenker, «An Analysis of the Regional Distribution of Federal Balances: Updated Data», Calgary, 1990; Rainer Knopff, «Democracy vs. Liberal Democracy: The Nationalist Conundrum», *Dalhousie Review*, 58:4, hiver 1978-1979, pp. 638-646; Rainer Knopff, «Language and Culture in the Canadian Debate: The Battle of the White Papers», *Canadian Review of Studies in Nationalism*, vi:1, printemps 1979, p. 66-82; Rainer Knopff, «Liberal Democracy and the Challenge of Nationalism in Canadian Politics», *Canadian Review of Studies in Nationalism*, ix:1, printemps 1982, pp. 23-92; Donald J. Savoie, *The Politics of Public Spending in Canada*, Toronto, 1990; Katherine A. Graham *et al.*, *How Ottawa Spends: 1990-91*, Ottawa, 1990 et les publications antérieures de cette série parrainée par la School of Public Administration de l'Université Carleton; Hubert Guindon, *Quebec Society: Tradition, Modernity and Nationhood*, Toronto, 1988; Peter Brimelow, *The Patriot Game*, Toronto, 1986; Janet Ajzenstat, *The Political Thought of Lord Durham*, Kingston et Montréal, 1988; Jacques Brossard, *Le Territoire québécois*, Montréal, 1970; Jacques Brossard, *L'Accession à la souveraineté et le cas du Québec*, Montréal, 1976; Henri Brun *et al.*, *Le Territoire du Québec*, Québec, 1974; William D. Gairdner, *The Trouble With Canada*,

Toronto, 1990; Alfred Oliver Hero, Jr., Louis Balthazar *et al.*, *Contemporary Quebec and the United States*, Cambridge, MA, 1988; William Shaw et Lionel Albert, *Partition: The Price of Quebec's Independence*, Montréal, 1980; Harvey Mansfield, Jr., *The Spirit of Liberalism*, Cambridge, MA, 1982; Dale C. Thompson, *Jean Lesage and the Quiet Revolution*, Toronto, 1984; René Lévesque, *Attendez que je me rappelle*, Montréal, 1986; Ramsay Cook, *Canada and the French Canadian Question*, Toronto, 1966; William D. Coleman, *The Independence Movement in Quebec: 1945-1980*, Toronto, 1984; Claude Morin, *Le Pouvoir québécois... en négociation*, Montréal, 1972; Frank H. Underhill, *The Image of Confederation*, Toronto, 1964; Robert Bothwell, John English et Ian Drummond, *Canada Since 1945*, Toronto, 1980.

INTRODUCTION

D'un bout à l'autre du pays, au bureau, à la maison, dans les bars et les vestiaires, sur les ondes de Radio-Canada, les Canadiens se posent la même question: mais qu'est-ce qui ne tourne pas rond au Canada?

D'une façon ou d'une autre, la réponse est toujours la même. C'est le Québec qui se trouve au cœur de la crise secouant aujourd'hui la vie politique canadienne. Une crise aux multiples dimensions: constitutionnelle, économique, linguistique, sociale, ethnique, culturelle. Il y a donc une multitude de façons d'en parler. Pour le Parti québécois, le statu quo est intolérable et la solution est double: l'indépendance et l'établissement d'un marché commun. Pour les fédéralistes d'Ottawa et du Québec, le statu quo est tout aussi intolérable et la solution consiste à préserver le Canada à travers un fédéralisme renouvelé. «La coupe est à moitié pleine», disent les fédéralistes. «Elle est à moitié vide», rétorquent les indépendantistes. Selon nous, c'est la coupe elle-même qui est défectueuse — il en faudrait plutôt deux nouvelles: voilà la solution.

Cette idée ne date pas d'hier — cela fait bien trente ans que des hommes et des femmes, sérieux et réfléchis, exigent la séparation du Québec et du Canada. Même avant l'époque de la Confédération, on trouve au Québec des gens responsables au sein de la vie politique et intellectuelle persuadés de la nécessité de cette indépendance nationale pour les francophones d'Amérique du Nord sous peine de se voir lentement mais sûrement voués à l'extinction en tant que peuple distinct. Certains se sont glorifiés du nom de séparatistes. D'autres y ont vu une insulte, une distorsion, un outil de propagande destiné à effrayer les plus timides et à confondre les plus déterminés. Mieux vaut alors parler d'indépendance, ou de souveraineté. Ou encore de souveraineté-association. Ou peut-être seulement d'association avec un soupçon d'indépendance... ou de souveraineté. Qui sait?

Nous serons quant à nous clairs et nets dans notre plaidoyer. Nous avons cru à une époque que le Québec et le Canada pouvaient demeurer un seul et même pays. Nous ne le croyons plus. Nous avons pensé que la Constitution de 1982 était un document de base adéquat — bien que loin d'être parfait. Nous ne le pensons plus. Le Canada traîne sa crise constitutionnelle depuis plus de trente ans. Si les Canadiens ne faisaient pas face aujourd'hui à une sérieuse crise économique, rien ne les empêcherait de prolonger le débat constitutionnel de quelques décennies supplémentaires. Mais voilà, il s'agit d'un luxe que le pays ne peut plus se permettre. Comme nous allons le démontrer, les crises constitutionnelle et économique sont intimement liées, voire ligotées ensemble. Nous croyons qu'il est possible de les dénouer toutes deux du même coup, quoique cela reste à prouver. Nous sommes sûrs d'une chose, cependant, c'est que ni l'une ni l'autre n'a été sérieusement discutée à ce jour. Notre livre se veut une réponse à un problème que nous n'avons pas engendré mais qu'aucun Canadien ne peut plus ignorer.

Pour parler franchement et simplement, nous sommes tout à fait partisans de l'indépendance du Québec. Nous sommes partisans de sa souveraineté. Nous voudrions que le Québec soit un État distinct et non pas seulement une société distincte tels la Colombie-Britannique ou le nord de l'Ontario. Nous aimerions que les relations Canada-Québec soient du ressort du ministère des Affaires étrangères. Peut-on être plus clair? Nous voudrions considérer le Québec comme un État étranger, au même titre que l'Espagne, l'Australie, le Zaïre ou les États-Unis. Et tout comme nous le faisons avec l'Espagne ou l'Australie, nous aimerions entretenir avec le Québec des relations amicales et harmonieuses, dans un esprit de confiance, de respect et de bonne volonté mutuels.

De façon courante aujourd'hui, des Québécois parlent de l'indépendance et de l'accession au statut d'État comme étant inévitables lorsqu'il s'agit d'envisager les besoins organisationnels du pays. Les non-Québécois eux-mêmes profitent des tribunes téléphoniques pour affirmer que l'indépendance du Québec est inéluctable. Pourtant rien de tel ne s'est encore produit. On se plaint, on se lamente, on se chamaille, on multiplie les commissions royales d'enquête et les conférences au sommet — et le Québec fait toujours partie du Canada. On peut se demander: qu'y a-t-il d'inévitable? Où se trouve donc la voie à sens unique vers la souveraineté dont René Lévesque parlait avec tant de confiance il y a vingt-cinq ans déjà? Certains Canadiens attendent depuis vingt-cinq ans le moment de souhaiter bon vent au Québec et il ne s'est toujours rien passé. Il n'y a pas si longtemps, le plus grand sociologue du Québec, Hubert Guindon, proposait l'explication suivante: peu après le référendum de 1980, le Québec aurait décidé que l'indépendance constituait une menace à brandir et non un but à atteindre.

Ce thème a été repris par les hommes politiques fédéralistes d'Ottawa, de Québec, d'autres provinces également. Or il s'agit d'une notion qui n'est pas vraisemblable. L'indépendance du Québec ne peut être qu'un but — celui des Québécois, le nôtre, celui de tous les hommes et femmes de bonne volonté. Elle n'a jamais représenté une menace, sauf pour les politiciens et les bureaucrates qui se repaissent du malaise actuel. Pour la plupart des Canadiens, l'indépendance du Québec ne menace rien du tout. Les fanatiques à l'esprit étroit s'écrieront: «Bon débarras!», tandis que les plus réalistes et les plus généreux d'entre nous verront dans l'indépendance une occasion de redresser l'économie et de donner au Canada une constitution véritablement harmonieuse. D'ailleurs, nous ne savons que trop bien à quoi on aboutit quand on prend au sérieux la pseudo-menace d'indépendance: à une crise constitutionnelle d'une durée inégalée dans toute l'histoire. Par chance, cette crise en est arrivée à son point culminant à la faveur du climat d'indécision totale qui a caractérisé l'affaire du lac Meech. Nous avons maintenant devant nous une réelle possibilité de changement, et de changement dans le sens d'une amélioration.

Aujourd'hui, de nombreux Canadiens — plus de la moitié selon certaines sources — sont prêts à couper les liens qui nous retiennent ensemble, Québécois et non-Québécois. Mais le vaisseau du Québec est toujours solidement amarré au quai. Cela fait bien un quart de siècle que le pavillon de départ flotte en haut du mât, mais personne n'a levé l'ancre. Nous sommes d'avis qu'il serait temps de larguer les amarres. Nous le disons sans rancœur et sans condescendance. Nous ne présentons pas de défi — sauf aux politiciens pusillanimes. Nous ne sommes surtout pas en train de dire: «C'est à prendre ou à laisser.»

Il va sans dire que nous souhaitons au Québec la pleine réalisation de son potentiel en tant qu'État indépendant. Si nous tenons à le dire, c'est qu'il y a des Canadiens au cœur sensible, au Québec et ailleurs, qui pourraient voir dans notre propos un rejet des Québécois, un rejet de nos semblables, une insulte personnelle. Cela fait partie de notre problème: il est difficile au Canada de parler sérieusement de politique. Nous sommes imprégnés de mythes désuets, paralysés par la peur de blesser ou de causer du ressentiment, au point de ne jamais oser dire notre pensée. Que ce soit bien compris: nous parlerons ici de politique, d'affaires publiques, du bien commun. Il ne sera pas question de relations personnelles, de nos propres sentiments ou de l'attachement plus ou moins grand que nous avons pour le Québec. Nous voulons dissiper les mythes; nous n'avons aucunement l'intention d'en créer de nouveaux ou de ranimer ceux qui dorment sous la cendre. Nous n'oublierons pas de considérer le coût économique de la séparation, du moins à court terme, mais nous croyons que le monde des affaires peut se charger de ses propres intérêts. Ce n'est d'ailleurs pas là que se situe le problème depuis quelques années. Ce qui fait problème, c'est le Gouvernement et tous ceux dont les intérêts s'y rattachent. Plus précisément, nous pensons aux lois fondamentales qui régissent la vie politique canadienne et qui sont l'objet d'un désaccord continuel. La crise constitutionnelle qui sévit à l'heure actuelle met en cause les principes mêmes en vertu desquels nous nous gouvernons.

Ce sont ces principes qui retiennent toute notre attention, et non les rouages du Gouvernement ou la façon dont nous menons nos activités commerciales. Précisons tout de suite que nos intentions ne sont pas avant tout d'ordre pratique. Il y a bien sûr des implications pratiques à considérer, mais nous voulons surtout comprendre la conduite des Canadiens et sa signification. Cela devrait être un but assez modeste pour nous permettre d'éviter l'un des problèmes qui assaillent nombre d'enseignants (nous sommes tous deux professeurs), soit une tendance à être schizoïde. Les sujets atteints se prennent pour quelqu'un d'autre, le plus souvent pour un président de compagnie ou un premier ministre. C'est pour cette raison qu'ils clament leurs opinions avec tant de véhémence et qu'ils prodiguent leurs conseils si généreusement. Bien des professeurs sont tout à fait convaincus de savoir ce qu'il faut faire à propos de l'économie, de la politique étrangère, du trou dans la couche d'ozone, de l'emplacement d'un barrage ou d'une usine de pâte à papier. Pour notre part, nous voulons simplement jeter un peu de lumière sur un problème embarrassant. Nous sommes persuadés que les dirigeants du monde des affaires et de la politique, tant au Canada qu'au Québec, sauront résoudre sans notre aide le problème des arrangements pratiques.

Toute discussion politique responsable doit inclure une analyse des intérêts politiques. C'est le secret honteux connu de tous les hommes politiques mais qu'ils ont juré solennellement de ne jamais révéler. Les Canadiens sont pourtant bien des citoyens adultes, pas des enfants à qui l'on doit cacher certaines vérités. Lorsque nous plaidons en faveur d'un Québec indépendant et prospère, nous ne sommes pas motivés uniquement par la magnanimité et la bienveillance (quoique, comme tous les Canadiens, nous aimions à penser que nous sommes magnanimes et bienveillants), mais aussi par la profonde estime que nous portons à une grande part de la vie sociale et culturelle du Québec. Nous ne sommes pas du tout prêts à sacrifier notre amitié envers les Québécois. Nous voulons un Québec séparé dans la mesure où il en va de l'intérêt des Canadiens comme de celui des Québécois.

Il ne faudrait quand même pas oublier que les Canadiens ont des intérêts à défendre, et que ces intérêts sont plutôt mal servis par le régime constitutionnel en place — il n'y a qu'à jeter un coup d'œil sur les livres de l'État pour s'en persuader. Le problème est de savoir ce que l'on peut y faire. Comment sortir de cette impasse? La bonne volonté, comme les intérêts de l'État, ne nous indique qu'un seul et même chemin. La séparation du Québec ne se fera pas sans peine, mais elle est réalisable dans le respect de l'ordre et de la loi. Nous sommes persuadés que le Québec et le Canada, au lieu de se quereller en famille, feraient mieux de vivre en bons voisins.

Pour parler moins métaphoriquement, nous croyons que le Canada est une démocratie libérale — un régime fondamentalement décent. Aujourd'hui, cependant, le Canada voit ses assises libérales et démocratiques sérieusement ébranlées par une nouvelle forme de nationalisme fondé sur des caractéristiques ethniques et culturelles et dont la base se trouve au Québec. (Pour les besoins de cette discussion, nous le nommerons nationalisme québécois ou nationalisme français.) Il serait futile de prolonger les tentatives d'accommodement de la Constitution — là n'est pas la solution. Les revendications du nationalisme ethnique et culturel québécois sont tout bonnement incompatibles avec le maintien d'un Canada démocrate et libéral. Les tentatives répétées de répondre aux exigences du Québec à l'intérieur du Canada ont mis en péril l'ordre politique du pays tout entier et contribué de façon significative à la crise économique et sociale que nous traversons. Pour que le Canada retrouve sa santé politique et économique, il faut que le Québec s'en aille. Nous élaborerons dans ce livre les arguments historiques, politiques et philosophiques qui fondent cette opinion.

Malheureusement, les termes mêmes de la discussion sont ambigus: Qu'est-ce que le Québec? Qui est Québécois? Qui est Canadien? Qu'est-ce que le Canada? Qu'est-ce qu'une démocratie libérale? Au fait, qu'est-ce que le nationalisme ethnique et culturel?

Lorsque nous traiterons du Québec tel qu'il existe aujourd'hui en vertu du régime constitutionnel, nous parlerons de la province de Québec. Quand nous aurons à discuter de l'État indépendant qui pourrait succéder à la province de Québec, nous parlerons de l'État du Québec. Quand nous parlerons du Canada sans autre spécification, il s'agira du pays actuel moins la province de Québec. À cet égard nous ne faisons que reprendre l'acception en usage chez les nationalistes québécois. Lorsque nous voudrons faire référence au Canada en incluant la province de Québec, nous le mentionnerons spécifiquement. Il ne devrait pas y avoir d'ambiguïté dans le cas de l'État du Québec par rapport au Canada, puisqu'il s'agira automatiquement de deux États souverains.

Voilà qui est clair et relativement simple. Ce qui suit est nettement plus contentieux, à savoir une interrogation sur la nature de la démocratie libérale. De notre point de vue, une démocratie libérale se fonde sur quatre principes interreliés:

1. La liberté individuelle. Les citoyens d'une démocratie libérale connaissent la liberté d'expression et de culte, jouissent du droit à la propriété privée et de celui de s'opposer au Gouvernement. Certains démocrates libéraux préconisent l'engagement du Gouvernement dans la promotion des libertés individuelles, d'autres sont d'avis qu'un tel engagement ne peut être qu'une atteinte à la liberté. Les querelles partisanes sont inévitables, mais les deux factions s'entendent sur un point: la liberté individuelle est un acquis politique fondamental.

2. Un gouvernement aux pouvoirs restreints. Selon les démocrates libéraux, la première responsabilité de l'État est de voir à ce que ses citoyens ne se portent pas préjudice les uns aux autres par la force ou la supercherie. L'État défend la communauté et punit les hors-la-loi. Il peut aussi contribuer au mieux-être social par l'application de mesures précises dans le domaine de l'économie, de l'éducation et de la santé, mais ne doit en aucun cas prendre en charge toute la société.

3. L'égalité des droits ou l'égalité devant la loi. Tous les citoyens d'une démocratie libérale sont tenus de se conformer aux mêmes lois, lesquelles doivent être appliquées de façon impartiale par l'État. Il n'y a pas plus de citoyens de «seconde classe» que d'aristocrates protégés par des lois qui leur seraient particulières.

4. Le consentement des gouvernés. Les citoyens des démocraties libérales savent qu'ils sont à la source du pouvoir gouvernemental et que le Gouvernement est responsable devant eux. En conséquence, ils ont la possibilité de changer le Gouvernement. Il est implicite également que tout individu peut devenir citoyen à sa majorité.

Les démocrates libéraux peuvent ne pas s'entendre sur des questions de justice sociale ou sur le degré souhaitable d'intervention gouvernementale dans le domaine de l'économie, de la répartition des richesses ou de l'égalité sociale, mais tous diront que la majorité doit élire ses dirigeants, lesquels à leur tour doivent gouverner dans les limites établies par la loi. La loi protège et garantit l'égalité des droits politiques.

En somme, les démocraties libérales sont des régimes politiques modérés, caractérisés par la négociation politique et l'accommodement d'intérêts divergents. La modération de cette forme de gouvernement contribue à faire des démocraties libérales des sociétés prospères. Dans la mesure où il y a de multiples façons de concilier les libertés individuelles avec le droit de la majorité, un système de gouvernement présidentiel ou parlementaire est tout à fait compatible avec les principes de la démocratie libérale. Nous croyons que le Canada est de toute évidence une démocratie libérale, comme le serait d'ailleurs un État du Québec indépendant, pour des raisons que nous exposerons plus loin.

Il faut dire cependant que le régime actuel, incluant comme il le fait le Québec à l'intérieur du Canada, représente un défi de taille pour la démocratie libérale, en raison des conséquences politiques qu'entraîne le nationalisme québécois avec son cortège de sentiments, d'aspirations et d'exigences fondés sur des considérations ethniques et culturelles. De nombreux Québécois, comme la presque totalité de leurs leaders politiques au niveau provincial et de nombreux députés qui représentent cette province à la Chambre des communes, éprouvent des sentiments nationalistes de cet ordre. Le nationalisme québécois est une forme moderne d'autodétermination fondée sur l'ethnie. Il rappelle les nombreux mouvements de minorités ethniques luttant pour l'autodétermination au sein de l'Empire des Habsbourg et qui eurent gain de cause, à peu de chose près, après la Première Guerre mondiale. Il fait également penser aux mouvements anticolonialistes qui ont surgi à la fin de la Seconde Guerre. Le postulat de base propre à ce type de nationalisme veut qu'un groupe ethnique ait droit à l'autodétermination du seul fait qu'il se conçoit lui-même comme un groupe ethnique.

Un deuxième postulat, valable au Québec comme ailleurs, veut que la langue soit d'abord et avant tout un symbole d'identité, son rôle en tant que moyen de communication se trouvant relégué au second plan. Si l'on demande à un nationaliste du Québec de se définir lui-même, l'essentiel de sa réponse portera invariablement sur son identité en tant que citoyen de l'État du Québec. En fait, on trouve aujourd'hui parmi l'élite politique et intellectuelle du Québec tout un groupe d'hommes et de femmes qui se sont forgé une identité collective à partir de leur usage commun de la langue française. L'origine de ce mouvement remonte au Livre blanc sur la langue de 1977, qui déclarait d'emblée que «les Français du Québec n'ont jamais cru que leur langue pouvait être dissociée du destin de la nationalité entière, de son économie et de sa culture». De fait, ce Livre blanc n'est rien d'autre qu'un manifeste nationaliste québécois, et la ligne politique du Québec depuis lors consiste à tout mettre en œuvre pour qu'il soit mis en pratique. Pour des motifs que nous éclaircirons plus loin, le gouvernement canadien s'est efforcé tantôt d'accommoder, tantôt d'apaiser les exigences des nationalistes du Québec — le tout en pure perte. C'est tout le programme politique du pays qui s'en est trouvé faussé: le nationalisme québécois échappe aux normes habituelles de la négociation et de l'accommodement mutuel.

Le nationalisme québécois a par ailleurs ceci de particulier qu'il relève du domaine exclusif de ceux et celles qui se voient comme les descendants des colons français. N'importe qui — ou presque — est capable d'apprendre à parler le français, et moyennant quelques efforts, de le parler sans accent. Mais ce n'est pas tout le monde qui peut se targuer d'avoir parmi ses ancêtres un véritable colon de France. Et à supposer qu'ils pourraient faire la preuve d'une telle ascendance, ce ne sont pas tous les Québécois qui chargent cet héritage d'un sens symbolique propre à fonder une identité collective: ceci est le seul fait des nationalistes québécois. Pour cette raison nous pensons qu'il serait plus juste de parler des «Français» plutôt que des francophones du Québec — c'est ce que pensaient aussi les auteurs du Livre blanc de 1977. Le terme de «Français» rend bien toute la saveur symbolique de l'autodétermination fondée sur l'ethnie.

En dépit de ses ressemblances avec le nationalisme européen et les mouvements anticolonialistes du tiers monde, le nationalisme québécois s'en différencie dans la mesure où ses adhérents sont résolument modernes. Le nationalisme québécois ne représente pas qu'une simple étape au sein d'un processus séculaire d'autodétermination entrepris par un groupe ethnique. Il correspond avant tout à un désir individuel d'autodétermination à l'intérieur d'un État et d'une société technologiques modernes. Les Québécois qui éprouvent des sentiments nationalistes considèrent le gouvernement du Canada et son régime constitutionnel comme un obstacle à leur propre autodétermination, et envisagent la perspective d'un Québec indépendant comme le moyen de réaliser leurs aspirations d'hommes et de femmes modernes. C'est ainsi qu'ils en arrivent à mobiliser d'autres individus sur la base de ce sentiment d'identité ethnique en agitant le drapeau de l'autodétermination à la fois individuelle et collective.

Cette coexistence malaisée des aspirations individuelles et collectives représente une autre particularité du nationalisme québécois. Les Français peuvent être considérés, d'une part, comme des hommes et des femmes qui luttent pour l'autodétermination collective dans la mesure où ils se sentent victimes de discrimination, dominés par des étrangers, frustrés par le régime politique fédéral et ainsi de suite. Pourtant il ne faut pas oublier qu'ils sont les membres d'une nouvelle classe moyenne issue de l'industrialisation et de la sécularisation de la société française. Ils sont à la fois le produit et les bénéficiaires du remplacement de l'Église par le gouvernement provincial dans les domaines de la santé, de l'éducation et du bien-être social. Ils sont loin d'être insensibles au Rêve américain. Comme tous les hommes et les femmes modernes du monde, ceux de la nouvelle classe moyenne du Québec convoitent les bienfaits de l'ère technologique à l'heure de l'abondance: la liberté, l'estime publique et la satisfaction que procurent l'accomplissement personnel et la réalisation de ses ambitions.

On a souvent douté qu'une société technologique moderne puisse concilier des aspirations collectives et individuelles. Au Canada, c'est George Grant qui a fait la critique la plus éloquente d'une telle tentative. Ce sont les faits cependant, et non les théories, qui apporteront la réponse finale. Pour l'instant nous devons nous contenter de remarquer que l'attitude des nationalistes du Québec envers le Canada est des plus intéressées. Si l'on songe que ce sont eux, et non plus l'Église, qui ont la charge de la nation française, et que les visées nationales de la nouvelle classe moyenne n'ont décidément rien en commun avec la mission évangélique de l'Église, on comprendra qu'ils ne se soucient plus que d'une chose: est-ce que le Canada en vaut la peine? Est-ce qu'il paie les factures? Est-ce que le reste du Canada contribue suffisamment à la réalisation des aspirations de la nation française (aspirations qu'on ne saurait distinguer de celles de la nouvelle classe moyenne), ou bien est-ce qu'il les menace? La question de savoir si le Canada en soi peut en valoir la peine ne se pose tout simplement pas. C'est pourquoi l'on peut dire que la nouvelle classe moyenne est l'agent par excellence du nationalisme québécois, peu importe qu'il s'exprime par l'intermédiaire du Bloc québécois, du Parti québécois, des libéraux ou des conservateurs.

Enfin, nous tenons à faire remarquer que le nationaliste québécois n'entretient pas seulement la notion d'identité collective — le «nous» —, mais qu'il conçoit également une entité à lui opposer: «les autres». Ce sont ces derniers qu'il évoque quand il parle du «Canada anglais». Comme nous le verrons toutefois, ce terme ne correspond à rien de tangible dans la vie politique canadienne: il ne trouve sa signification que dans le contexte de la vision nationaliste québécoise. Voilà qui ne facilite nullement les négociations ni une reconnaissance honnête des différences d'opinions. D'un point de vue pratique, c'est l'une des raisons pour lesquelles le Québec doit se séparer du Canada, et le plus tôt possible pour notre bien à tous. Le lecteur trouvera dans ce livre les arguments économiques, historiques et politiques qui fondent notre thèse, à savoir que le Canada et le Québec ont tout à gagner à devenir tous deux États souverains et indépendants.

Ce ne sont pas tous les Québécois qui épousent la cause nationaliste. Il y a, entre autres, les «Rhodésiens de Westmount», selon l'expression de Keith Spicer pour désigner les Québécois anglo-saxons de langue anglaise; il y a aussi tous ceux qui ne sont ni français ni anglo-saxons: les Italiens, les Juifs, les Mohawks, les Cris, les Grecs, les Chinois, les Vietnamiens et bien d'autres. Il y a aussi des

libéraux de la vieille école, et les libéraux qui croient au dualisme et
au fédéralisme. Pour l'instant, ce sont tous des Québécois. Mais
n'oublions pas que nous traitons ici de forces qui ont un véritable
pouvoir. Nous savons que les Québécois qui ont choisi l'option nationaliste forment un groupe assez important et assez puissant pour nuire
sérieusement à la capacité du gouvernement canadien de s'occuper des
problèmes réels du pays et de gérer efficacement les affaires de l'État.
C'est une réalité que nous feignons d'ignorer à nos risques et périls.

Il n'est pas dans notre intention de critiquer ou de dénoncer le
nationalisme ethnique et culturel, que ce soit au Québec ou ailleurs.
Nous voulons en comprendre les implications politiques, particulièrement en ce qui concerne l'impact qu'elles ont sur le Canada.
Nous croyons que l'État du Québec, une fois le temps venu, serait
capable de faire face aux mêmes conséquences. De toute façon, et
qu'on l'approuve ou non, le nationalisme québécois menace
sérieusement l'ordre constitutionnel établi. Par sa faute, le véritable
programme politique du pays a été détourné: cela fait trop longtemps
que le Canada gaspille son énergie à vouloir faire des compromis
constitutionnels, négligeant du même coup les réels problèmes qui
sévissent dans le domaine de l'économie, de l'éducation, de l'industrie
et de la technologie. L'espoir d'une entente constitutionnelle est parti
en fumée le 23 juin 1990 lorsque l'Accord du lac Meech est mort. Le
fiasco du lac Meech aura au moins appris aux Canadiens qu'ils ne
peuvent satisfaire les exigences du Québec. Comme nous aurons
l'occasion de le voir en détail, le processus évoqué ici n'est ni
mystérieux ni incompréhensible: il n'est que le résultat d'une série de
changements politiques, sociaux et économiques survenus récemment
au Canada. On pourrait même le concevoir comme la réaction
intelligible de l'élite politique et intellectuelle québécoise face à ces
changements. Nous n'avançons pas là une hypothèse déterministe —
les choses auraient pu se passer autrement. L'avènement du
nationalisme québécois ne saurait être envisagé comme la
conséquence automatique de l'évolution technologique, sociale et
économique du Québec, pas plus qu'il n'est le résultat inévitable de
l'incapacité de la Constitution canadienne à faire face à ces

changements dans l'ensemble du pays. Il n'en demeure pas moins qu'un grand nombre de Québécois se sont bel et bien tournés vers cette issue, et qu'un tel choix a eu des répercussions sur tout le pays. Nous expliciterons dans ce livre quelques-unes de ces conséquences telles qu'elles se manifestent sur la scène politique.

Pourquoi sommes-nous si sûrs que le nationalisme québécois est incompatible avec une démocratie libérale canadienne incluant le Québec? Tout d'abord, on oublie parfois que les tentatives de résoudre la question du Québec ont donné lieu à cinq constitutions différentes. Parmi ces dernières, la Proclamation royale de 1763 et l'Acte d'Union de 1841 étaient clairement destinés à prévenir tout problème lié aux conflits ethniques par l'assimilation pure et simple des Français. Pour leur part, l'Acte de Québec (1774), l'Acte constitutionnel (1791) et la Confédération elle-même (1867) constituaient une tentative de cohabitation — le «dualisme». En comparaison, la Loi constitutionnelle de 1982 n'est ni chair ni poisson. Elle juxtapose des principes de centralisation et de décentralisation, principes qui tiennent compte à la fois des droits collectifs et individuels. Aucune de ces constitutions n'a su résoudre la question du Québec. Nous croyons que cet échec peut être imputé en partie au fait qu'aucune d'entre elles ne respectait les principes d'une constitution démocrate libérale. Suivant un enchaînement prévisible, l'échec de l'assimilation a donné lieu au dualisme qui a cédé la place à son tour aux nationalismes de toutes sortes. Dans les chapitres qui vont suivre nous allons retracer l'évolution des mouvements d'opinion au Québec, depuis le dualisme et l'accommodement jusqu'au repli nationaliste. Nous rappellerons dans ce contexte que le séparatisme a toujours été au nombre des options possibles. Le problème n'a pas été résolu par six tentatives constitutionnelles évitant toutes soigneusement la solution évidente — le bon sens suggère qu'il est grand temps d'en faire l'essai. Mais si le Québec doit quitter le Canada, ce n'est pas seulement une question de bon sens, c'est aussi une question de principe.

À l'origine, le gouvernement constitutionnel a été établi pour permettre à des peuples de religions différentes de cohabiter, interdisant formellement à l'État de se mêler directement du salut des âmes. À notre époque séculière, la rédemption des citoyens n'intéresse plus aucun gouvernement. Quand on considère ce qui s'est passé au Canada depuis la Proclamation royale de 1763, on en arrive à se demander si, du point de vue politique, la culture ne serait pas l'équivalent de la religion. Nous ne voulons pas dire par là que la culture est religieuse, ce qui serait un pur blasphème; nous voulons suggérer que, comme la religion au XVIIᵉ siècle, la culture devrait aujourd'hui faire partie de ces aspects de la vie humaine qui sont bannis du domaine public. La religion d'État est un anathème aux yeux d'une démocratie libérale constitutionnelle — il devrait en être de même pour la culture et l'ethnie.

On pourrait pousser l'analogie encore plus loin. Au XVIIᵉ et au XVIIIᵉ siècle, les partisans de la Constitution étaient d'avis que l'on pouvait fort bien gérer la vie politique sans se soucier des croyances religieuses de ses concitoyens. Si l'on suit le même raisonnement, il devrait être possible de maintenir la culture et l'État séparés. De la même façon qu'on peut élaborer une politique neutre du point de vue de la religion, on devrait pouvoir le faire à l'égard de la culture. La longévité relative de nos expériences constitutionnelles dualistes nous porte à croire que cela n'est pas impossible. Pour que cela soit viable toutefois, il faudrait que divers groupes ethniques et religieux admettent l'existence d'une sphère qui soit libre d'influences religieuses, ethniques ou culturelles. Or le nationaliste québécois d'aujourd'hui s'y refuse absolument. Nous voilà au cœur du conflit de principes.

En d'autres termes, l'âme du nationaliste en matière d'ethnie et de culture est partagée entre des sentiments démocratiques et des prémisses ou des objectifs peu libéraux. De son côté, le défenseur du pluralisme culturel reste de ce point de vue fidèle à ses principes démocratiques. Comme l'a fait remarquer Rainer Knopff, la réaction du Parti québécois devant les résultats de l'élection provinciale de 1970 illustre bien le côté peu libéral du nationalisme ethnique et culturel. Lors de cette élection, le PQ a obtenu 23 % du vote populaire, mais n'a fait élire que 7 députés sur 110 à l'Assemblée nationale. Tandis que les «fédéralistes» interprétaient ces résultats comme le signe d'un appui certain à leur propre politique, le PQ affirmait que sa piètre performance était imputable à un système électoral truqué. Le système du député unique par circonscription et de l'élection à la pluralité des voix aurait contribué à exagérer le pouvoir des minorités cohésives, c'est-à-dire des «Anglais». Au dire de René Lévesque, plusieurs candidats péquistes ayant obtenu la majorité du vote français avaient été défaits par le vote en bloc des non-francophones. En 1973, à l'issue d'une autre défaite décisive, Lévesque déclara que la situation deviendrait «explosive» si la minorité anglaise portait encore au pouvoir un parti en défaveur auprès de la majorité française.

En surface, ce discours paraît vouloir servir la cause de la règle majoritaire. En réalité le PQ ne se préoccupe pas tant de la majorité des citoyens pris dans leur ensemble que de la majorité d'un groupe ethnique lui-même majoritaire — les Français. Il y a un écart considérable entre cette attitude et l'un des postulats fondamentaux de la démocratie libérale, à savoir que la règle majoritaire doit être entendue comme la majorité numérique des citoyens. Aux yeux des libéraux, tous les citoyens sont égaux. Ce que les nationalistes québécois ont affirmé en fait, c'est qu'ils avaient le droit d'exercer le pouvoir au nom des Français, non pas en vertu de leur majorité mais tout simplement parce qu'ils étaient français. Ils ont réclamé ce droit parce qu'il leur était impératif de maintenir le programme politique nationaliste. En somme, ce qui compte pour les nationalistes québécois, ce ne sont pas les votes des citoyens, ce sont les votes français.

On pourrait relever d'autres signes témoignant de la nature peu libérale d'un tel nationalisme. Le référendum de 1980 sur la souveraineté-association s'est tenu dans la province de Québec à l'exclusion du reste du Canada. La raison en est simple: on ne peut favoriser la souveraineté-association que pour des motifs de nature essentiellement nationaliste, et la province de Québec est la seule entité politique qui puisse fournir la base d'une patrie aux Français d'Amérique du Nord. Elle est le seul espace politique où les Français soient majoritaires. La logique nationaliste ne reconnaît qu'une vocation au gouvernement du Québec, que ce dernier soit une province canadienne ou un État indépendant: représenter les intérêts des Français et non ceux des citoyens de la province de Québec.

On saisit tout de suite les implications peu libérales d'une telle conception. En surface, cela peut signifier que les Québécois ont le droit de se séparer du Canada si leurs intérêts sont mal défendus par la Constitution canadienne — un point de vue somme toute assez justifiable. En revanche, si ce sont les Français en tant qu'ethnie ou groupe culturel qui s'arrogent le droit de se séparer, cette prérogative n'a plus rien à voir avec leur statut majoritaire au sein de la province de Québec. Le droit invoqué ici est le droit à l'autodétermination, qui ne dépend pas, que l'on sache, du fait que les Français soient une majorité ou une minorité.

Nous allons illustrer cette thèse à l'aide d'un cas hypothétique. Supposons que les Français d'Amérique du Nord ne fassent pas partie d'un État fédéré mais d'un État unitaire, comme c'est le cas pour les Basques en Espagne. Ce contexte fortuit les contraindrait-il à renoncer à l'indépendance? Bien sûr que non. La conclusion s'impose: la position nationaliste du Québec n'est pas intrinsèquement fondée sur des principes démocratiques ou sur la règle majoritaire. De façon caractéristique, les arguments invoqués par les nationalistes s'y réfèrent en apparence, mais au moment critique ces principes sont bien vite abandonnés: l'importance prioritaire accordée au sentiment nationaliste a pour effet de reléguer au second plan les valeurs démocratiques, libérales et constitutionnelles. Aux yeux d'un démocrate libéral, ces principes ne sont pas accessoires mais essentiels.

Nous sommes maintenant en mesure de spécifier les raisons «philosophiques» qui font que le Canada ne peut contenir la fièvre nationaliste qui s'est emparée du Québec. Le Canada a toujours été une démocratie libérale et se doit de le rester. Cela implique que le Gouvernement doit se limiter à protéger les droits de ses citoyens, lesquels exercent leur droit comme bon leur semble — c'est là le fondement de la règle majoritaire. Les querelles partisanes se trouvent limitées à la question de la protection des droits des citoyens. En principe, ce système exclut la possibilité de régner au nom d'une certaine manière de vivre ou d'un certain groupe ethnique, culturel ou religieux. Puisque aucun groupe en particulier n'a de droit acquis sur le pouvoir — ni les Français, ni les Mohawks, ni les baptistes ou les bouddhistes, pas plus que les surdoués ou les gauchers —, la seule façon d'éviter les conflits partisans est de se conformer à la règle majoritaire. Si la majorité fait la loi, ce n'est pas parce qu'elle détient la vérité, mais parce qu'elle détient le pouvoir que confère une majorité de citoyens égaux.

Les nationalistes québécois, eux, ne l'entendent pas de cette façon. Ils veulent le pouvoir au nom d'une certaine façon de vivre dont ils seraient les gardiens — voilà pourquoi la démocratie libérale est menacée au Canada. Tant et aussi longtemps qu'il fera partie du Canada, le Québec sera incapable de se purger du sentiment nationaliste français. La raison et la prudence commandent au Québec de quitter le Canada. Ce sont les implications politiques du nationalisme québécois qui exigent la séparation.

Enfin, il y a un autre aspect de la question à considérer. Dans un Québec indépendant, le nationalisme français serait probablement voué à disparaître. Les francophones formeraient une majorité écrasante; toute «menace» de la part des anglophones serait vite contenue par l'électorat. L'immigration au Québec serait presque entièrement francophone grâce à une sélection préalable. Pour la première fois depuis la conquête, les Québécois francophones n'auraient rien à craindre des anglophones ou d'autres minorités. Ils n'auraient plus besoin de protéger leur langue et leur culture par des lois spéciales. En d'autres termes, nous croyons que l'État du Québec n'aurait que faire de la loi 101 et de la loi 178 et qu'il ne nierait à personne le droit de s'exprimer dans la langue de son choix — que ce soit sur la devanture d'un magasin ou ailleurs.

Bien que nous ayons insisté sur le fait que nous essayons seulement de comprendre une crise et que notre intention n'est pas d'instruire les politiciens ou les gens d'affaires sur la façon précise dont elle doit être résolue, nous ne sommes quand même pas assez naïfs pour croire que notre analyse n'est d'aucune importance pratique. Nous avouons sans peine que nous sommes des démocrates libéraux et que nous favorisons les régimes constitutionnels. Ce que nous contestons, c'est la validité du nationalisme ethnique et culturel quand il se pose comme fondement d'un gouvernement acceptable. Après tout on a rarement vu un nationalisme de cette nature servir de guide à la conduite d'un gouvernement, quel qu'il soit. Il faut dire que toutes ces remarques sont accessoires. Il serait à la fois futile et condescendant de soutenir que les nationalistes québécois ont tort, que le Canada est en réalité leur meilleur espoir, qu'ils devraient être reconnaissants de tout ce que le pays a fait pour eux, qu'ils courent à leur perte en voulant établir leur propre État indépendant. D'un point de vue pratique, nous croyons que le Québec et le Canada auraient tout à gagner sur le plan politique et économique s'ils se constituaient en deux pays distincts comme le sont l'Espagne et la Norvège. Nous sommes persuadés que le régime constitutionnel en place ne peut que desservir les intérêts politiques des deux parties.

Nous avons affirmé plus haut que la séparation du Québec devrait être envisagée comme la première étape de la résolution de la crise constitutionnelle et économique que nous subissons depuis trente ans. Nous présenterons dans ce livre les arguments qui établissent le bien-fondé d'une telle opinion. Nous examinerons également les conséquences de la séparation, à court et à long terme. Bien entendu, il se peut que nous nous trompions sur les détails ou même sur toute la ligne. Qui sait, peut-être que les visions de compromis reprendront le dessus, peut-être que le nationalisme québécois disparaîtra de lui-même. Nous avons toutes les raisons d'en douter. Nous pouvons nous tromper à propos des conséquences de la séparation — personne ne peut prédire l'avenir —, mais nous sommes sûrs d'une chose, c'est que le Canada ne pourra pas se sortir de la crise dans laquelle il s'est empêtré tant et aussi longtemps que le Québec en fera partie. *À nos amis en (sic) Québec nous disons: bon voyage et bonne chance!**

1

CHOISISSEZ VOTRE CRISE

Depuis deux ans, il n'y a pratiquement pas d'événements politiques au Canada qui ne mettent en cause le Québec. Si le pays se retrouve aujourd'hui dans un tel pétrin du point de vue économique et politique, c'est en partie à cause de son incapacité à régler le problème du Québec. En vérité, les Canadiens sont presque gênés d'en parler comme du problème du Québec. Ils préfèrent avoir recours à des euphémismes et au style indirect, faisant allusion par exemple à l'unité nationale, au rétablissement de la famille canadienne ou à l'achèvement du processus constitutionnel. Les conséquences sur la vie du pays sont quant à elles dépourvues d'ambiguïté: n'accordant pas de soutien politique au gouvernement national, les Canadiens n'arrivent pas à rassembler assez de courage pour s'attaquer aux véritables problèmes qui les assaillent. Cela fait trop longtemps qu'ils s'acharnent en vain sur le problème de la Constitution — une tâche vouée à l'échec. Le problème du Québec, ou le problème Anglais-Français, comme on voudra, est impossible à résoudre. Pourtant des politiciens et des fonctionnaires intéressés ont voulu faire croire à la population canadienne non seulement qu'il s'agissait d'un problème soluble, mais que le pays entier devait se consacrer corps et âme à sa résolution. Le seul résultat, c'est que les Canadiens ont perdu confiance en leurs dirigeants et ne croient plus à la Constitution.

Cela fait trente ans que l'on dit aux Canadiens que la résolution du problème du Québec est imminente. On leur assure qu'il ne manque plus qu'un compromis, une ronde de négociations et le tour sera joué. Cela fait penser à ce que l'on racontait aux Américains pendant la guerre du Viêt-nam: il y a de la lumière au bout du tunnel.

Ils ont bien fini par se rendre compte, à leur grande horreur, que la seule lumière au bout du tunnel était le phare avant d'une locomotive qui fonçait sur eux.

Voilà le paradoxe. Le problème est insoluble, mais le gouvernement du Canada et ses dirigeants politiques ont promis de le résoudre. Ils ne peuvent pas le résoudre puisqu'il est insoluble. Les échecs répétés finissent par miner la confiance accordée au Gouvernement et aux dirigeants politiques, lesquels s'en trouvent paralysés. Les gouvernements se voient maintenant dans l'incapacité de prendre les dures décisions qui s'imposent pour régler tous les autres problèmes graves du pays.

Un bref rappel des événements récents suffit à démontrer que le problème du Québec est bien réel et que nos dirigeants politiques à Ottawa, à Québec et dans les autres capitales provinciales ont fait la preuve éclatante de leur incapacité à y faire face. Tant que les Canadiens ne se rendront pas à l'évidence, ils continueront à perdre leur temps et leur énergie à poursuivre des chimères et des rêves brisés. L'appui au Gouvernement dans son ensemble continuera de s'effriter, et le Gouvernement restera impuissant à affronter les problèmes de l'économie. Le cercle vicieux ne pourra que se perpétuer.

Passons donc en revue les événements récents. Le 23 juin 1990, deux jours après le début officiel de l'été, le pays ne s'est pas effondré comme l'avait prédit Brian Mulroney si jamais l'Accord du lac Meech — appuyé par 25 % des Canadiens — n'était pas ratifié par les assemblées législatives provinciales. Brian Mulroney a perdu son pari et s'est retranché dans la morosité pour le reste de l'été. Nous n'aurions jamais mis les pieds dans le marais du lac Meech, n'eût été la prétention du Québec à un traitement de faveur. Comme l'on pouvait s'y attendre, les premiers ministres des autres provinces n'ont pas apprécié que le Québec veuille être considéré par la loi comme «plus égal» que les autres. Une telle concession aurait signifié que le Québec se serait d'abord approprié de nouveaux pouvoirs et que l'on aurait ensuite généralisé la situation aux autres provinces. Voilà qui ne témoigne pas d'une aptitude particulière à diriger le pays — après tout, n'importe qui peut faire des concessions. Le fiasco du lac Meech et ses suites n'ont fait que confirmer l'absence de leadership politique.

Lorsqu'il s'est vu refuser le droit à un statut particulier, le Québec, voulant profiter du vide politique, s'empressa de mettre sur pied un comité chargé de trouver d'autres solutions au problème constitutionnel. À Ottawa, un député du Québec ambitieux et mécontent, Lucien Bouchard, quitta le cabinet et le Gouvernement pour fonder le Bloc québécois, un groupuscule de sept séparatistes. Le chef du Parti libéral, Jean Chrétien, parvint à entrer à la Chambre des communes grâce à la complaisance du Nouveau-Brunswick et, aidé de ses anciens confrères, Pierre Elliott Trudeau et Don Johnston, il s'employa à remettre au goût du jour leur vision démodée de la place du Québec à l'intérieur du Canada. Il était manifeste que les acteurs principaux à Ottawa étaient tous partis à la dérive et qu'ils méconnaissaient jusqu'aux sentiments qui avaient motivé les événements récents.

C'est alors que les Mohawks s'engagèrent sur le sentier de la guerre pour protéger une certaine portion disputée de leur territoire et pour protester contre les manœuvres de la police visant à freiner leurs activités illégales le long de la frontière américaine. Sur le plan juridique, cette question était des plus complexes, mais l'enjeu politique en était simple: les Mohawks voulaient être considérés comme une société distincte. Ils prétendaient échapper aux lois québécoises et canadiennes régissant l'importation et les taxes d'accise. Le Québec jugea ces demandes inacceptables — lui qui prétendait aussi être une société distincte — et demanda à l'armée canadienne de venir s'occuper des autochtones. Si l'on compare la façon dont Ottawa et Québec ont réagi à la crise d'Oka à la façon dont Ottawa et la Colombie-Britannique ont fait face à la crise de l'île de South Moresby impliquant les Haida un an plus tôt, il devient évident que, dans ses tractations avec le Québec, Ottawa se montre incapable d'imprimer une direction aux événements et préfère s'éclipser au profit des politiciens locaux. Le reste du Canada commence à se poser des questions.

Dès l'automne, la fièvre d'Oka avait gagné tout le pays. Les dirigeants autochtones en quête d'autonomie réclamaient leur place au soleil à l'intérieur de la Constitution, un statut particulier qui leur permettrait de régner sur un archipel dispersé de réserves dont la superficie totale équivaut au double environ de celle de l'Île-du-Prince-Édouard.

Pendant ce temps, les premiers ministres des provinces de l'Ouest ne restaient pas inactifs. Ils étaient devenus sensibles aux attraits d'un statut particulier et, comme tous les politiciens, ils voulaient leur part du gâteau. Ils invitèrent donc Ottawa à se retirer de programmes sociaux comme ceux de la santé et du régime des rentes, en échange de quoi ils étaient prêts à en assurer le fonctionnement et la responsabilité fiscale. Ils exigèrent ensuite qu'un plafond des dépenses fédérales et provinciales soit établi par la loi, et suggérèrent une administration indépendante de l'impôt sur le revenu leur permettant d'établir les taux et de percevoir les impôts sans la super-vision d'Ottawa. Enfin, ils demandèrent que les provinces participent à l'élaboration des politiques fiscales du pays et des taux d'intérêt en particulier. Du côté de l'Atlantique, le premier ministre du Nouveau-Brunswick proposa pour sa région l'établissement de programmes conjoints de mise en marché à l'étranger et la mise en place d'un système interne de libre-échange. En Alberta et en Colombie-Britannique, on se mit à discuter sérieusement de la création d'une zone privilégiée d'échange commercial avec les États du Nord-Ouest du Pacifique, une nouvelle communauté économique qui s'appellerait «Cascadia». La signification de toutes ces propositions ne tient pas à leur viabilité potentielle en tant que solutions pour changer l'ordre établi. Il ne s'agit pas de savoir si un «dollar de l'Ouest» serait plus fort qu'un dollar canadien. Ce que cela démontre, c'est que bien des Canadiens ont réagi de la même façon quand ils se sont rendu compte que le pays entier s'en allait à la débâcle; ils ont décidé qu'il leur restait une seule chose à faire: cultiver leur propre jardin.

Entre-temps à Ottawa, pendant que Brian Mulroney broyait du noir dans sa résidence d'été, l'opposition à l'élément clé de sa réforme fiscale, la taxe sur les produits et services, ne cessait de croître. À l'arrivée de l'automne, cette opposition s'était transportée au Sénat — un Sénat non élu, non réformé, totalement inefficace et profondément injuste. La Chambre des communes, élue démocratiquement et en théorie responsable, avait voté une loi à laquelle 85 % des Canadiens s'opposaient. Par un étrange concours de circonstances, l'opinion publique trouvait écho dans l'unique institution censée demeurer à l'abri de l'opinion publique.

Le Premier ministre Mulroney réagit en accusant le Sénat d'être antidémocratique. Il oubliait que le Sénat avait été mis sur pied dans ce but précis, avec pour mission d'assagir la législation populaire mais peu judicieuse émanant des Communes. Dans ce cas-ci, le Sénat représentait les vues d'une majorité écrasante de Canadiens. Il aurait été plus juste d'accuser la Chambre des communes d'être antidémocratique, si l'on songe qu'elle était contrôlée par un seul parti politique, très impopulaire. Le Sénat peut sans doute être accusé de bien des «méfaits» à propos de la TPS, mais non d'avoir agi de façon antidémocratique.

La réaction du Premier ministre Mulroney fut sans précédent. Depuis le premier jour de son mandat, il s'était opposé à toute tentative sérieuse de rendre le Sénat démocratique et responsable, et voilà qu'il s'adressait maintenant à la Reine pour nommer huit nouveaux sénateurs, lesquels seraient tous promus à la Chambre haute de façon aussi peu démocratique que l'avaient été leurs collègues, excepté Stan Waters du Parti de la réforme dont la nomination avait d'ailleurs été retardée pendant des mois.

En ce début d'automne, Brian Mulroney trouva l'occasion de confirmer ses prédictions funestes du printemps. En raison de l'échec du lac Meech, les conférences des premiers ministres prévues pour discuter de l'économie et de la réforme du Sénat n'eurent pas lieu. En réalité, tout le monde savait qu'il n'y avait pas de motif relié à la Constitution qui puisse justifier l'annulation de la conférence sur l'économie: Ottawa voulait simplement échapper à l'examen public et à la condamnation de ses politiques. En élevant une rencontre de routine au rang d'impasse constitutionnelle, Mulroney laissait entendre que le pays était devenu ingouvernable et que tous les rouages du système étaient bloqués. Mais les Canadiens ne furent pas dupes: ils comprirent fort bien que si rien ne fonctionnait plus, c'était parce que le Premier ministre lui-même avait fait le nécessaire pour qu'il en soit ainsi.

Pour ce qui est de la réforme du Sénat, nous savons que les premiers ministres ont le droit de se réunir pour discuter de n'importe quel thème même si le Premier ministre ou un représentant du Québec n'est pas présent. Le fait de se réunir ou non n'a rien à voir avec le lac Meech; après tout, cela n'a pas empêché Ottawa et Québec d'entamer des discussions bilatérales sur l'avenir de la Constitution. Les Canadiens qui ne sont pas d'Ottawa s'inquiètent d'en être exclus. Les Canadiens hors du Québec sont inquiets de voir que le Premier ministre Mulroney semble vouloir punir le reste du pays pour n'avoir pas tenu compte des exigences de sa province natale. L'insinuation n'est guère rassurante en effet: quand le Québec décide de se tenir à l'écart, comme dans le cas de la réforme du Sénat, ça ne concerne pas le reste du pays. Ce n'est pas une question d'intérêt «national». Par contre, le reste du pays peut être exclu quand les intérêts du Québec sont en cause, comme dans le cas du contrôle sur l'immigration.

L'accord conclu en janvier 1991 par Ottawa et Québec à propos de l'immigration est particulièrement vexant puisqu'il est pratiquement identique à l'une des clauses du défunt Accord du lac Meech. Le Québec avait fait savoir qu'il voulait recevoir un quart de l'immigration totale, ce qui correspond à sa part de la population canadienne. Il voulait maintenant y ajouter 5 % de façon à compenser son faible taux de natalité. En même temps que le Québec cherchait à remédier à son insuffisance démographique, on apprenait que la mesure du *bébé-bonus** instaurée par le gouvernement québécois commençait à produire les résultats escomptés. Ainsi, en 1990, le nombre des naissances avait augmenté de 6 % au Québec. Il est évident que la stabilité démographique n'est pas pour demain, mais il n'est pas si sûr qu'il soit de l'intérêt des Canadiens de subventionner les programmes de gestion de la population d'un Québec nationaliste. Dans les faits, cependant, ce sont les contribuables canadiens qui sont en train de fournir 332 millions de dollars au gouvernement du

Québec pour qu'il prenne à son compte ce qui était du ressort d'Ottawa. Une telle mesure serait impensable dans le cas du Manitoba ou de Terre-Neuve, deux provinces dont le déclin de la population est pourtant proportionnellement bien plus important qu'au Québec; quant à essayer de la justifier au nom de l'intérêt national, on n'y pense même pas. Ce qu'il faut en déduire c'est que, dans le reste du Canada, ce sont les forces du marché qui décident de la destination des immigrants, mais que lorsque ces derniers ne font pas le bon choix (ce qui est souvent le cas dans la mesure où le Québec ne reçoit que 16 % des immigrants depuis quelques années), le gouvernement du Canada doit intervenir. L'accord entre le Québec et le Canada permet encore aux immigrants de quitter le Québec pour d'autres provinces, mais on peut se demander quelles nouvelles restrictions viendraient s'ajouter dans le cas où les immigrants se mettraient à exercer leur droit à la mobilité. Quoi qu'il en soit, la nouvelle politique sur l'immigration obéit au principe voulant que l'on accorde d'abord au Québec ce que les autres provinces peuvent réclamer ensuite. Peu après que le Québec eut obtenu ce qu'il désirait, l'Ontario présentait sa requête.

Dans l'ensemble, les suites du lac Meech ont été un véritable gâchis, une série de concessions faites dans la mauvaise humeur. C'est à croire qu'il n'y avait plus personne pour tenir le gouvernail. Au-delà du parti au pouvoir et des dirigeants politiques, c'est le système entier qui s'en est trouvé discrédité aux yeux des Canadiens. Il faut dire que ce mécontentement est dû pour une bonne part à la mauvaise gestion de l'économie dont s'est rendue coupable toute une génération de dirigeants politiques. Mais il faudrait être aveugle pour ne pas se rendre compte que l'économie et la question du Québec sont étroitement reliées. Selon nous, l'incapacité du gouvernement canadien à gérer l'économie du pays est due en grande partie au fait qu'il était trop occupé à dépenser son énergie, son talent et son argent pour régler le problème du Québec — un problème qui demeure et que personne n'arrive à résoudre, un problème qui ne fait que croître et dont la solution semble chaque fois s'éloigner davantage. Le Québec est mécontent du reste du Canada, et le reste du Canada en a plein le dos du Québec. Non, nous ne vivons pas des temps heureux.

Portrait d'un mécontentement

Au cours des dernières années, les Canadiens ont dû faire face à une panoplie ahurissante de changements à la Constitution, tous plus mal conçus les uns que les autres, et à une série de pratiques constitutionnelles tout aussi mal avisées. Malheureusement, la plus intéressante de toutes les propositions soumises n'a jamais été retenue. Elle stipulait que, dans le cas où le pourcentage d'appui populaire au Gouvernement descendrait en dessous du taux d'intérêt préférentiel, le gouverneur général n'aurait d'autre choix que de déclencher des élections. Cette proposition, aussi farfelue qu'elle puisse paraître, montre bien le lien étroit qui existe entre une mauvaise politique économique et la baisse de popularité du Gouvernement.

Nous pourrions fournir maints exemples de cet état de fait. Pendant la récession du début des années 80, les Canadiens qui s'attendaient à ce que la situation empire étaient deux fois plus nombreux que ceux qui croyaient qu'elle allait s'améliorer. Nous sommes depuis peu en train de revenir à cet état d'esprit. À partir de 1983 et pendant sept ans — les fameuses années de vaches grasses —, les Canadiens ont envisagé l'avenir avec confiance, à tel point que tous les sondages nous présentaient comme l'un des peuples les plus optimistes du monde. Dès 1990, ce bel optimisme s'était évaporé. Les Canadiens semblent maintenant se préparer à affronter sept années de vaches maigres.

Les partis politiques ont tous perdu notre confiance. Il n'y a plus qu'un Canadien sur trois qui éprouve quelque respect pour la Chambre des communes. Au début de 1990, plus de sept Canadiens sur dix étaient d'avis que le Gouvernement se fourvoyait dans la conduite des affaires politiques et économiques du pays — une augmentation de près de 20 % par rapport à 1989. À l'extérieur du Québec, l'appui populaire aux autorités fédérales a atteint son niveau le plus bas jamais enregistré. En septembre 1990, Ottawa n'avait la confiance que de 17 % des Canadiens. Le soutien aux gouvernements provinciaux était plus élevé, mais les autorités provinciales n'étaient respectées qu'au Québec, et encore.

Si l'on considère le soutien au Parti conservateur, le déclin depuis 1988 — pour ne pas parler de 1984 — est époustouflant. Aussi récemment qu'en janvier 1989, le gouvernement Mulroney avait l'appui de la moitié de l'électorat canadien (et de pratiquement les deux tiers des Québécois). Dix mois plus tard, cet appui avait diminué de moitié, quoique la baisse ait été comparativement plus faible au Québec. Les conservateurs battirent tous les records d'impopularité en avril 1990 en ne recueillant que 16 % des intentions de vote des Canadiens, le plus faible pourcentage qu'on ait jamais enregistré pour un parti au pouvoir en cinquante ans de sondages. Même au cours de la longue domination du Parti libéral dans les années 40 et 50, alors qu'ils peinaient sous la direction peu inspirante de John Bracken et de George Drew, les conservateurs avaient réussi à faire mieux. À la fin de l'été, après l'échec du lac Meech et l'élection de Jean Chrétien à la tête du Parti libéral, la cote du Parti conservateur n'avait remonté qu'au Québec.

La popularité de Brian Mulroney connut un déclin semblable à celui de son parti: en juillet 1990, seulement 14 % des Canadiens étaient d'avis qu'il s'acquittait bien de sa tâche. Il n'y avait que le Québec, apparemment, qui le favorisait comme premier ministre. Un sondage bien inspiré, mené au printemps 1990, demanda aux Canadiens de comparer Brian Mulroney et Pierre Elliott Trudeau. Un an plus tôt, Mulroney distanciait Trudeau par une marge de près de 25 %; cette fois-ci, Trudeau l'emportait haut la main.

Il est vrai que ce dédain pour les conservateurs est en partie le reflet des fluctuations normales de l'opinion publique face au Gouvernement. Entre deux élections, il est courant de voir un grand nombre d'électeurs se ranger parmi les indécis. Certains d'entre eux ne s'intéressent pas beaucoup à la politique de toute façon: il faut tout le battage d'une élection pour éveiller leur attention. D'autres sont véritablement indépendants et décident prudemment de réserver leur jugement jusqu'aux élections. Mais le plus grand nombre des électeurs, quand ils sont mécontents du Gouvernement ou de l'économie, et qu'ils voient leurs attentes trompées et leurs espoirs déçus, s'expriment en critiquant le Gouvernement et le Premier ministre, quels qu'ils soient. Malgré ces réserves, on ne peut nier les faits suivants: l'appui au gouvernement de Brian Mulroney est étonnamment faible et le Québec va complètement à contre-courant. Comparativement au reste du pays, les Québécois sont moins déçus des conservateurs et plus favorables au Premier ministre Mulroney.

Plus encore que ne sauraient le faire les fluctuations de l'opinion publique, les élections permettent d'évaluer la profondeur du mécontentement. Les politiciens croient souvent que les gens votent pour eux et pour les mesures éclairées qu'ils ont promis de soutenir ou de mettre en pratique. En fait, les gens peuvent aussi bien voter contre les perdants que pour les gagnants. Ce n'est pas d'aujourd'hui qu'on entretient le mythe d'une élection capable de départager les politiques prônées par les différents partis. À peine sorti du champ de bataille, le parti victorieux déclare invariablement qu'il a reçu le mandat de mettre à exécution ses politiques — ce qui n'est que très rarement le cas. L'élection de 1988 portant exclusivement sur le projet de libre-échange constitue la grande exception de ces dernières années. La plupart du temps, les élections portent sur des sujets aussi flous et vastes que l'économie, le chômage ou l'inflation.

Il arrive parfois que la compétence des chefs de parti soit mise en cause. Qui pourrait oublier l'accusation théâtrale de Brian Mulroney feignant l'indignation à l'endroit de John Turner? «Vous aviez le choix, monsieur!» tonnait-il en août 1984 après que Turner eut déclaré qu'il avait été obligé de faire entrer au Sénat et de nommer à d'autres postes de responsabilité toute une bande de fidèles libéraux. Quelques années plus tard, Brian Mulroney se voyait «obligé» de nommer vingt-trois nouveaux sénateurs en l'espace de quelques semaines. Nous ne doutons pas un instant que le Premier ministre Mulroney soit en mesure de justifier sa conduite, il n'empêche qu'elle était en tout point calquée sur celle de ses prédécesseurs libéraux. Il n'y avait eu aucun changement de politique. Quand les journalistes se sont rendu compte que les Canadiens ne faisaient pas grande différence entre les libéraux et les conservateurs, ils ont découvert qu'il existait une crise de leadership.

La plupart des gens conviennent que le leadership est un bien politique précieux, même au sein d'une démocratie. Parfois la grandeur est dévolue à ceux qui se trouvent en poste à une période critique; parfois on a les dirigeants que l'on mérite. L'interaction entre un individu et son époque est bien complexe et mystérieuse et ce ne sont pas tous les dirigeants qui se montrent à la hauteur de la situation. Winston Churchill, l'un des rares grands chefs d'État de ce siècle, se demandait en 1932: «La marche des événement est-elle ordonnée et guidée par des hommes éminents; ou nos dirigeants tombent-ils simplement en place à la tête des colonnes en mouvement?» Il était d'avis qu'un véritable leadership exige des hommes et des femmes avisés qu'ils commandent les événements. Ceux qui se retrouvent à la tête des colonnes en mouvement ne sont que des manipulateurs de l'opinion; au sein de la vie politique moderne ce sont des démagogues de profession qui se laissent guider par les derniers sondages. Il se peut que le Premier ministre Mulroney et les premiers ministres provinciaux se considèrent comme des «hommes éminents» au sens où l'entendait Churchill. Il se peut aussi qu'ils se réjouissent d'avoir les plus faibles cotes de popularité jamais enregistrées. Peut-être pensent-ils qu'une absence d'approbation signifie qu'ils ne sont pas des marionnettes à la tête de colonnes en mouvement. Malheureusement, les faits sont contre eux.

Prenons les exemples familiers de l'été 1990 au Québec: on a laissé la révolte fermenter pendant des mois avant que la Sûreté du Québec ne prenne d'assaut les barricades mohawks à Oka et ne se fasse repousser de façon ignominieuse. En d'autres termes, on avait toléré des agissements criminels. Pendant plus d'un an, il avait été question d'établir une Commission royale d'enquête sur la condition des peuples autochtones. En juin 1990, le Premier ministre Mulroney accédait finalement à cette demande. Tout ce qu'il exigeait en retour, c'était que les autochtones du Manitoba donnent leur appui à l'Accord du lac Meech. Lorsque ces derniers s'y refusèrent, le Premier ministre retira son offre et fit savoir que l'idée d'une commission ne lui avait jamais vraiment plu. Autrement dit, la proposition d'une commission royale d'enquête n'avait été qu'un stratagème à des fins de négociation, et non le signe d'un souci réel pour le statut économique et politique des autochtones du Canada. Il n'est pas nécessaire d'être soi-même un autochtone et d'avoir un grave problème sur lequel le Gouvernement doit se pencher pour discerner tout le cynisme et la malhonnêteté de la démarche de Mulroney. À une époque où la simple honnêteté est la première qualité que les électeurs exigent de leurs dirigeants, de tels agissements sont tout à fait déplorables.

Même après que la crise d'Oka eut fait la démonstration de la pusillanimité des dirigeants du Canada et du Québec, on en recevait de nouvelles preuves lors du blocage du pont Mercier et des émeutes chez les résidants de la rive sud qui en souffraient. Les électeurs de la circonscription montréalaise de Laurier-Sainte-Marie envoyèrent le même message à Ottawa en élisant un candidat proposant le démantèlement de l'institution parlementaire qui lui avait permis d'être élu. Il est manifeste que ces électeurs ne pouvaient plus se fier au leadership d'un gouvernement qu'ils avaient contribué à élire quelques années plus tôt, et qu'ils n'étaient pas disposés non plus à accorder leur appui au Parti libéral qu'ils avaient pourtant favorisé en 1988. Le chef du Parti libéral, le «petit gars de Shawinigan», était de l'avis de tous incapable de se faire élire dans sa province natale. La réaction de Jean Chrétien face à la crise d'Oka avait d'ailleurs été tout aussi répugnante que celle du Premier ministre Mulroney: il avait pro-posé de laisser partir les Mohawks et de les arrêter plus tard. Le message était clair: quand le Québec empiète sur un domaine de juridiction fédérale, telles les affaires autochtones, Ottawa sacrifie ses responsabilités par peur d'offenser les Québécois. Et quand le Québec se montre aussi incompétent qu'Ottawa, comme il l'a certainement été à Oka et à Kanesatake, Ottawa vient à sa rescousse sans émettre une plainte ni un reproche.

Les élections provinciales qui ont eu lieu en Ontario en 1990 nous offrent un exemple assez comique du lien qu'il y a aujourd'hui entre le cynisme public et le manque de leadership. Michael Harris, le chef des conservateurs ontariens, a fait à cette occasion la remarque suivante: «À moins de retrouver la confiance des électeurs, j'ai bien peur que le Gouvernement lui-même ne se détériore.» L'édition du

Globe and Mail qui rapportait ces propos (le 5 septembre 1990) renfermait également un article qui montrait à quel point Harris pouvait avoir mal compris les choses. L'article était intitulé: «75 députés atteignent l'âge de la retraite», et l'on y apprenait que 75 députés élus pour la première fois lors de l'arrivée au pouvoir de Brian Mulroney en 1984 étaient devenus aptes à recevoir leur pension de retraite le 4 septembre 1990. Bien qu'aucun d'entre eux n'ait cherché à en profiter en donnant sa démission, les contribuables canadiens ont été surpris et mécontents d'apprendre qu'une telle démission en bloc leur aurait coûté 30 millions de dollars. La vérité est exactement le contraire de ce qu'affirmait Michael Harris: le Gouvernement s'est détérioré et c'est la raison pour laquelle tant de Canadiens ne lui font plus confiance. Les sondages et les médias montrent clairement que nous ne faisons plus confiance à nos dirigeants. Depuis deux décennies, les problèmes pressants et bien réels de nature économique et d'ordre constitutionnel n'ont pas été résolus par nos hommes d'État. Au lieu de considérer le mécontentement général envers l'économie et la politique pour ce qu'il est — soit la manifestation d'un profond malaise, les politiciens ont préféré n'y voir que des griefs limités, sans importance à long terme, et n'y ont pas répondu par des réformes en profondeur témoignant d'une vision d'avenir, mais par des expédients. Conséquemment, les élections n'ont pas octroyé de mandat aux gouvernements, et les gouvernements ont négligé les problèmes chroniques et ce que l'on pourrait appeler les défauts de structure. Ils n'y ont vu qu'une simple désorganisation à régler au moyen d'une nouvelle initiative politique, d'un changement de chef ou d'une commission royale d'enquête si les choses en venaient au pire.

Même en politique, on récolte ce que l'on sème. La désintégration de l'empire soviétique en Europe centrale et en Europe de l'Est souligne de façon dramatique la ténacité de cette vérité incontournable; les insuffisances bien réelles mais évitables de la tyrannie ont enfin surpassé les fantasmes de l'idéologie, et c'est tout le système qui s'est effondré. Un processus semblable bien que moins sanglant est en train de se dérouler dans notre propre pays. Comme c'était le cas pour l'Union soviétique, les insuffisances structurales du Canada sont avant tout d'ordre économique et liées aux conséquences d'une déficience administrative aiguë. En résumé, il suffit de contempler le gâchis financier du pays pour bien comprendre le malaise politique que reflètent fidèlement tous les sondages d'opinion publique. Nous ne prétendons pas que le Québec ait causé à lui seul la crise d'endettement, quoiqu'il y ait contribué plus que sa part. Nous disons que, sans la question insoluble du Québec, nos dirigeants auraient le loisir de consacrer leurs réels talents à la résolution des vrais problèmes du Canada.

Nous voulons dire également que les aspirations nationalistes des Québécois ne concernent personne d'autre qu'eux. À cet égard, encore une fois, les problèmes du Canada rappellent ceux des Soviétiques: les fantasmes et les rêves des Canadiens sont d'ordre politique. Évidemment, dans notre cas, il s'agit de fantasmes qui n'ont rien à voir avec le non-sens idéologique du marxisme. Notre problème, c'est d'avoir créé une crise constitutionnelle chronique centrée sur l'incompatibilité des aspirations nationalistes québécoises et de la démocratie libérale canadienne.

En langage parlementaire il serait temps de se demander: Le Québec appartient-il oui ou non au Canada? Il ne devrait plus être question de l'hémi-, demi-, semi-séparatisme dont parlait feu Eugene Forsey, avec le séparatisme entendu comme une menace et non un but. Le problème n'est pas la question du Québec en soi, mais bien le refus de la résoudre de la part des politiciens qui occupent des postes de responsabilité. De là le peu d'estime que nous accordons à nos dirigeants; de là le faible soutien au régime constitutionnel; de là le malaise et le mécontentement, et le mauvais pressentiment que révèlent tous les sondages.

De là nous vient aussi l'une des raisons pour lesquelles notre dette augmente de façon vertigineuse. Si nos dirigeants se refusent à affronter le problème politique majeur du pays, soit la question du Québec, comment pourraient-ils êtres disposés à s'attaquer au problème économique majeur du pays, c'est-à-dire la dette? Après tout, il s'agit des mêmes individus dans les deux cas: des gens pusillanimes, qui parlent pour ne rien dire et de façon à plaire à tout le monde. Pour parler comme Robert Borden, Premier ministre de 1911 à 1920, ils manquent de colonne vertébrale et de moelle dans les os. S'ils n'ont pas assez de talent ou de volonté pour affronter la question du Québec, on ne saurait se surprendre s'ils s'avéraient incapables de régler le problème de l'économie. La convergence de ces deux problèmes oblige aujourd'hui les dirigeants politiques canadiens à regarder la réalité en face, et leur fournit du même coup l'occasion de les régler tous deux de façon acceptable — nous montrerons plus loin comment cela peut être fait. Pour l'instant, nous voudrions examiner la crise économique.

De la dette et de comment la faire augmenter

Le deuxième Premier ministre du Canada, Alexander Mackenzie, possédait à la fois les vertus et tout l'éclat d'un teneur de livres. Les historiens sont unanimes à le considérer comme un homme chez qui la circonspection l'emportait sur la perspicacité. Il serait peut-être temps de revenir aux vertus un peu ennuyeuses de la prudence fiscale. Voyons ce que nous enseignent les événements récents de l'histoire budgétaire.

La fonction d'un budget des dépenses est d'indiquer en dollars et en cents ce que chacun peut s'attendre à recevoir du Gouvernement. Il révèle du même coup aux fonctionnaires comme aux citoyens ordinaires ce que le Gouvernement juge important. On dit que le gibier se fait toujours rare pour le chasseur — il en va de même pour les revenus qui sont toujours insuffisants, particulièrement quand il s'agit de financer de nouveaux programmes. Le budget des dépenses est donc une façon de marquer les points: en observant qui obtient quoi, on arrive à identifier les gagnants et les perdants. Et il suffit de jeter un coup d'œil sur les budgets de la dernière génération pour se rendre compte qu'il y a eu bien plus de gagnants que de perdants.

C'est un fait notoire que les dépenses du Gouvernement ont augmenté de façon considérable. Les chiffres sont impressionnants: en

1939 le total des dépenses était d'environ 550 millions de dollars; en 1950 il était de 2,4 milliards de dollars (2 400 millions); en 1960 il atteignait 6,7 milliards; en 1970, 15,3 milliards; en 1980, 62 milliards; et en 1990, 143 milliards. On retrouve le même profil d'augmentation lorsque les dépenses sont considérées en tant que pourcentage du produit national brut (PNB). Cette mesure est d'ailleurs un meilleur indice de l'augmentation des dépenses et de l'ingérence du Gouvernement, en ce qu'elle tient compte de la croissance absolue de la taille de l'économie. En 1940, pendant la guerre, le budget des dépenses fédérales correspondait à 16 % environ du PNB; en 1950 ce pourcentage était tombé à moins de 13 %; en 1960 et 1970 il atteignait presque 18 %; en 1980, 20 % et en 1990, 22 %. Pendant ce temps, la dette publique nette était passée d'une somme relativement modeste de 18 milliards de dollars en 1970 à celle de 86 milliards en 1980; au moment où nous écrivons ces lignes elle approche des 400 milliards. Une dernière façon d'évaluer la santé financière du pays est de considérer la part du budget consacrée au paiement des intérêts sur la dette nationale. Comme dans le cas des cartes de crédit personnelles, le remboursement des intérêts se fait en priorité. En 1990, le ministre des Finances disait lui-même dans son discours du budget: «[C'est de] l'argent qu'on ne peut pas utiliser maintenant pour réduire les impôts ou s'occuper de priorités comme la protection de l'environnement, la recherche et le développement et la formation professionnelle. Nous devons payer ces intérêts.» En 1960, le coût de ces intérêts représentait environ 11 % des dépenses budgétaires; en 1970, environ 12 %; en 1980, plus de 16 %: et, en 1990, près de 40 %. Pour ne rien arranger, ces résultats alarmants ont été obtenus au cours d'une période d'expansion économique importante. Le problème ne pourra qu'empirer à mesure que l'économie se resserrera — ce qu'elle a déjà commencé à faire — en raison des demandes accrues qu'aura à soutenir le système de bien-être social.

On pourrait présenter encore d'autres statistiques, tout aussi décourageantes, qui témoignent de l'extension massive et excessive des finances du pays. Les Canadiens, comme tout un chacun, sont capables de faire la différence entre ceux qui honorent leurs dettes et ceux qui s'y dérobent. Nous savons que le pays connaît de sérieuses difficultés quand le Gouvernement se soucie davantage de sa capacité d'emprunt que de sa capacité de remboursement. De façon plus pertinente, les prêteurs étrangers n'ignorent pas que le niveau de vie élevé dont nous jouissons aujourd'hui n'a pu être maintenu que grâce à nos emprunts à l'extérieur. Pas besoin d'être initié aux arcanes de la finance internationale pour se rendre compte que notre dépendance par rapport aux capitaux étrangers n'est guère rassurante, ni pour nous ni pour nos créditeurs.

Devant l'échec des initiatives industrielles malheureuses du Programme énergétique national, de l'Agence d'examen de l'investissement étranger (AEIE) et du Crédit d'impôt pour la recherche scientifique, les conservateurs ont décidé de renverser la vapeur. Le Gouvernement et les bureaucrates ont convenu qu'ils n'étaient pas en mesure de repérer les gagnants ni d'encourager des industries naissantes. Plusieurs en sont venus à la juste conclusion que les incursions des sociétés d'État dans des secteurs clés (prétendument) de l'économie n'avaient produit que des organisations inefficaces et lourdes capables d'engloutir d'énormes quantités d'argent. Comme on pouvait s'y attendre, une part disproportionnée de l'assiette au beurre est allée à des industries désuètes du Québec.

Bien que les conservateurs soient à même de reconnaître les problèmes, ils semblent incapables de les résoudre. Leur politique macroéconomique, par exemple, se fonde sur des erreurs importantes mais relativement simples, visibles aux yeux de tous sauf aux leurs. Pendant les premières années du libre-échange avec les États-Unis, le Canada aura besoin d'un dollar faible pour permettre aux Canadiens de pénétrer le marché américain. Le dollar est fort en ce moment. Pour amortir les effets de notre adaptation au libre-échange, nous avons besoin d'une économie qui soit forte. Nous avons le taux de croissance le plus faible depuis la dernière récession. Pour améliorer la compétitivité des Canadiens, il nous faudrait des taux d'intérêt qui soient faibles. Les taux d'intérêt sont restés invraisemblablement élevés, d'autant plus que l'on connaît l'importance de l'exportation des ressources dans l'économie canadienne.

Ou nous n'avons aucune stratégie industrielle, ou bien celle que nous avons est tellement déformée par la politique qu'elle en devient inutile. Le programme canadien de recherche et de développement est une véritable farce; les travailleurs canadiens (ceux du Québec aussi) sont en conséquence mal préparés à employer les technologies des années 90. L'informatique et la biotechnologie ont leur place dans l'économie, mais il ne faudrait pas que ce soit au détriment de nos forces traditionnelles que sont la fabrication industrielle et l'extraction des ressources. Qu'est-ce qui a été fait pour encourager les fabricants canadiens à s'adapter aux changements majeurs apportés à la technologie des matériaux? Quand l'industrie du plastique dépense des millions chaque année pour mettre au point des substituts aux métaux, cela concerne aussi les mineurs et les sociétés minières du Canada, qu'ils le veuillent ou non. Dans le domaine des ressources en général, les compagnies canadiennes ont concentré leurs efforts sur l'amélioration des procédés d'extraction au détriment de la création de nouveaux produits et de la transformation en aval.

Le Gouvernement n'a favorisé le développement de technologies de pointe que dans les domaines de la technologie spatiale et de la biotechnologie, et le soutien institutionnel qu'il a offert est allé massivement et de façon disproportionnée au Québec. Tous ces projets imposés aux Canadiens au nom du développement régional ne sont en fait que des instruments politiques. Les seuls bénéficiaires des initiatives favorisant la haute technologie, par exemple, sont les résidants privilégiés de la «Silicon Valley» du Nord, cette région imaginaire s'étendant d'Hull-Ottawa à Montréal. Ces actions du Gouvernement ne correspondent en aucune façon à une politique économique rationnelle. Conséquemment, on ne devrait pas s'attendre à ce qu'elles produisent un développement économique rationnel.

Le Gouvernement dira, évidemment, qu'il lui sera impossible d'établir une politique rationnelle tant que la dette demeurera aussi élevée — nous n'avons aucun mal à le croire. Dans ces circonstances, le Gouvernement se retrouve devant une alternative: il doit soit réduire les dépenses soit augmenter les revenus. D'après un sondage Gallup rendu public en avril 1989, les Canadiens favorisent de loin la réduction des dépenses. L'universalité des programmes sociaux n'est pas sacro-sainte; on peut réduire l'assurance-chômage et les dépenses reliées à la défense. D'après les auteurs du sondage, les données suggéraient «que le Gouvernement ferait mieux de se concentrer sur la réduction des dépenses plutôt que sur l'augmentation des taxes comme moyen de réduire le déficit. Pas moins de 90 % des Canadiens préfèrent une réduction des dépenses à une augmentation des taxes pour combattre le déficit.» Il faut ajouter que depuis longtemps les Canadiens sont convaincus que le Gouvernement est gaspilleur et que les députés sont trop bien payés. Finalement, une majorité de Canadiens (à l'exception notable du Québec) considère qu'un «gros gouvernement» menace davantage l'avenir du pays que ne le font les grosses entreprises ou les gros syndicats.

Les dirigeants politiques ne l'ignorent pas. Au cours des vingt dernières années, quatre gouvernements, dont deux libéraux et deux conservateurs, ont solennellement déclaré qu'ils accorderaient une attention prioritaire à la restriction budgétaire, à l'imposition équitable et à l'équilibre économique régional. Dans son premier budget de 1984, Michael Wilson déclarait que la plus haute priorité consisterait à remettre de l'ordre dans les finances du pays. Dans son budget de 1990, il se félicitait d'avoir suivi cet objectif. La plupart des Canadiens ne l'ont pas cru. Interrogés sur la signification du budget peu après sa remise, pas moins de sept Canadiens sur dix ne le jugaient pas apte à renforcer l'économie. Un tel degré de dissentiment établissait un nouveau record des sondages Gallup. Quelques mois plus tard, alors que la population commençait à percevoir plus clairement ce qu'impliquaient un déficit plus élevé et de nouvelles taxes, seulement 16 % des Canadiens furent d'avis que les conservateurs géraient adéquatement l'économie du pays. Le soutien du Québec à la politique économique du Gouvernement était considérablement plus élevé, atteignant 25 %.

Si nous laissons de côté le Québec pour un instant, nous nous retrouvons face à une situation singulière. Chacun sait qu'une suite de déficits importants a abouti à une dette énorme dont le remboursement coûte très cher chaque année aux citoyens canadiens. Le remboursement de la dette signifie également que le Gouvernement se trouve sérieusement limité dans sa capacité d'établir de nouveaux programmes, axés notamment sur la protection de l'environnement, la recherche et le développement ainsi que sur la formation professionnelle, pour reprendre la liste bien raisonnable des desiderata de Michael Wilson. Une génération entière de ministres des Finances politiquement avertis a déclaré que la dette constituait un énorme problème, qu'ils étaient sur le point d'y remédier et qu'ils allaient à cette fin s'appliquer à réduire les dépenses. Ils n'en ont rien fait. Nous devons affronter aujourd'hui une dette encore plus élevée, des frais de remboursement qui n'ont fait qu'augmenter, et de nouvelles taxes. Il semble qu'au lieu de réduire les dépenses le Gouvernement soit encore en train d'essayer d'augmenter les revenus — ce qui nous amène à parler de la Taxe sur les produits et services, la TPS. La seule chose que la TPS ait accompli c'est d'ajouter à la crise de confiance dans le Gouvernement. Pourquoi?

La TPS correspond à la deuxième étape d'un projet de réforme fiscale mis en branle en juin 1987 par la publication du Livre blanc sur la réforme fiscale. La première phase, qui concernait l'impôt sur le revenu, avait suscité une opposition comparativement faible lors de son entrée en vigueur en 1988. Presque tous ceux qui ont étudié le régime fiscal du Canada en sont venus à la conclusion que la Taxe sur les ventes des fabricants, la TVF, devait être remplacée. Dans la mesure où elle était établie sur un éventail limité de produits et appliquée tôt dans le processus de fabrication, cette taxe se trouvait à être incluse dans le prix de base des produits fabriqués, si bien qu'à l'étape de la commercialisation secondaire on payait en fait une taxe sur la taxe. Il faut dire aussi que cette taxe était appliquée à un taux extrêmement variable. Pour toutes ces raisons, Michael Wilson disait de la TVF qu'elle était une exterminatrice sournoise d'emplois. La plupart des fiscalistes étaient d'avis que la TVF contribuait à fausser la prise de décision reliée aux investissements et qu'en général son impact sur le rendement de l'économie était négatif.

On attendait de la TPS qu'elle soit plus efficace que la TVF et, à cet égard, il s'agit en effet d'une amélioration notable. De plus, la logique conventionnelle suggère que la TPS est moins régressive que la TVF dans la mesure où elle couvre un éventail plus large de produits et touche davantage les ménages dont le revenu est élevé. D'un autre côté, la TPS n'a pas été conçue uniquement pour remplacer les revenus perdus à cause de l'abolition de la TVF; elle doit les faire augmenter. La contribution de cette taxe au revenu fédéral sera en fait plus élevée que celle de l'impôt sur le revenu. La TPS est certainement plus régressive que l'impôt sur le revenu et, généralement parlant, elle a l'apparence d'une taxe régressive. La plupart des fiscalistes diront cependant que l'impact de la TPS demeure incertain, même si l'on tient compte du crédit d'impôt remboursable octroyé aux familles à revenu faible ou modeste. D'autres incertitudes demeurent à propos de l'impact à court et à long terme sur la croissance, les investissements, les revenus, l'inflation, les taux d'intérêt et les coûts administratifs.

Il y a cependant deux aspects de la Taxe qui ne font pas de doute. La promesse contenue dans le Livre blanc de 1987 à l'effet que la TPS ne prélèverait pas plus de revenu que l'ancien système n'a manifestement pas été tenue. En outre, la TPS est une taxe extrêmement visible. Ces deux aspects de la TPS se renforcent politiquement l'un l'autre, ce qui a pour effet d'accroître l'opposition au Gouvernement et d'accentuer le climat de crise.

Toute une série de facteurs expliquent que le Gouvernement ait eu tant d'ennuis à propos de la TPS. Tout d'abord, le remplacement d'une taxe inefficace mais invisible par une taxe visible ne peut que coûter cher politiquement. Pour bien des contribuables, une taxe de remplacement nouvellement visible ressemble fort à une nouvelle taxe, purement et simplement. Et ce qui ressemble à une nouvelle taxe peut facilement apparaître comme un nouvel accaparement du fisc. La plupart des gens se soucient de ce qu'ils doivent débourser tout de suite et non des bénéfices diffus pour l'économie dans son ensemble qui ne les toucheront qu'indirectement et à long terme. Lorsque la nouvelle taxe est perçue comme un moyen d'accroître les revenus, cela ne fait qu'empirer les choses: les contribuables y perdent et le Gouvernement y gagne. Finalement, le Gouvernement a commis une

erreur de jugement en imposant la TPS au mauvais moment. Déjà en
1966, à l'occasion de la Commission royale d'enquête Carter, on avait
proposé une réforme fiscale semblable. On ne sait pas trop ce qui a
poussé le gouvernement Mulroney à ressusciter cette proposition dans
son Livre blanc de 1987, quoique certains facteurs économiques aient
pu y contribuer, telle l'inefficacité croissante de la TVF. Il a tout de
même commis une bévue de taille en proposant une politique fiscale
de toute évidence impopulaire alors qu'il en était à sa sixième année
de pouvoir, après avoir déjà augmenté les taxes à plusieurs reprises.
Point n'est besoin d'être particulièrement machiavélique pour se
rendre compte qu'une réforme fiscale devrait être instaurée dans les
premières années, alors que le Gouvernement jouit encore d'un certain
capital politique.

D'un point de vue technique, la TPS n'est pas une taxe particulièrement odieuse. Au sein d'une démocratie, les taxes invisibles
comme la TVF ne sont pas une bonne chose — elles masquent la
responsabilité du Gouvernement, qui contourne l'obligation de rendre
des comptes. On pourrait même trouver des arguments en faveur de
l'augmentation des revenus de l'État comme moyen de réduire le
déficit et la dette nationale. En résumé, l'opposition véhémente et
généralisée à la TPS témoigne du manque de sagesse du Gouvernement; elle est une réaction à son manque généralisé de leadership, et
ne se fonde donc pas que sur des considérations économiques.

Le ministre des Finances a fini par avouer que la TPS contribuait
bel et bien à augmenter les revenus et que ces rentrées additionnelles
serviraient à réduire la dette. On finit par se demander pourquoi tant
de gouvernements ont considéré la réduction des dépenses comme une
tâche impossible. La plupart du temps, les politiciens rétorquent que
l'électorat canadien compte sur le Gouvernement pour accomplir des
choses, offrir des cadeaux et surtout ne jamais rien prendre, un
argument contredit par les sondages d'opinion publique. Ces derniers
révèlent plutôt que les Canadiens appuient de façon continue les
compressions dans des programmes prétendument sacrés et favorisent
la réduction de la taille du Gouvernement. S'il est vrai que moins on a,
moins on donne, il semble que les Canadiens soient prêts à accepter un

Gouvernement moins généreux. Il est évident que l'on ne pourra jamais juger des bienfaits d'une réduction des services du Gouvernement à moins d'en tenter l'expérience — ce qui n'a jamais été fait. On peut se demander pourquoi.

Sans élaborer, on pourrait dire que c'est en raison de l'incapacité du Gouvernement à gérer le secteur public. Pour comprendre cet état de fait, nous devons examiner de plus près les politiques de gestion des dépenses publiques au Canada. Au cours des années 30, les théories de l'économiste John Maynard Keynes avaient fort impressionné un certain nombre de jeunes gens qui allaient devenir, à l'issue de la Deuxième Guerre mondiale, les mandarins de la fonction publique canadienne. Keynes faisait valoir que le Gouvernement devrait être capable de gérer l'économie de façon que les cycles de prospérité et de disette soient remplacés par des variations économiques de bien plus faible amplitude. Il s'agissait d'ajuster les taux d'imposition de façon progressive et d'user du pouvoir d'achat du Gouvernement pour «stimuler» la demande, particulièrement par l'élaboration d'une politique généreuse dans le domaine de l'assistance sociale. Quand l'économie se trouvait au plus bas et que les revenus étaient faibles, le Gouvernement devait accuser un déficit plutôt que de réduire les services, et tenter de maintenir un budget équilibré sur une base annuelle. Lorsque l'économie remontait, une augmentation des revenus fiscaux pouvait servir à combler les déficits annuels accumulés. À long terme la dette se réduisait à zéro et le budget s'équilibrait.

Au cours des années 30, le désastre économique de la Dépression avait horrifié les apprentis keynésiens; pendant la guerre, le coût lié à la modernisation de l'économie leur fit le même effet. Vers la fin de la guerre, ils en vinrent à redouter que l'arsenal de production mis au service de l'effort de guerre ne s'effondre, précipitant le pays dans une nouvelle crise économique. Les grèves et les émeutes qui eurent lieu après la Première Guerre mondiale leur firent appréhender une désorganisation plus grave de l'économie, en raison de sa plus grande complexité et de son ampleur accrue. Les problèmes politiques, économiques et idéologiques hérités de la

Dépression n'avaient pas été résolus — la guerre les avait simplement masqués. Seules quelques personnes, dont le célèbre et toujours enthousiaste C. D. Howe, maintenaient que la guerre avait ouvert de nouvelles avenues économiques dans les domaines des communications, de l'électronique et, surtout, de l'industrie automobile. La plupart des dirigeants politiques et des économistes du Gouvernement prévoyaient une détérioration sérieuse de l'économie si jamais on laissait le marché évoluer à l'abri de toute influence gouvernementale. De là tout l'attrait des doctrines économiques de Keynes. Elles contenaient la promesse d'une transition sans heurts vers la prospérité. Le Gouvernement confierait l'argent à ceux qui en avaient besoin et qui le dépenseraient. Les Canadiens ordinaires recevraient une aide directe et l'économie en expansion contribuerait indirectement à maintenir un taux d'emploi élevé. Selon cette thèse, le financement du déficit finirait par stabiliser l'économie entière et la condition des plus démunis serait améliorée par une législation appropriée dans le domaine de l'assistance sociale.

Cette doctrine s'avéra irrésistible. Elle assurait aux mandarins un pouvoir réel et la satisfaction tangible que procure le sentiment d'agir avec discernement dans l'intérêt de la nation. Aux yeux des dirigeants politiques du Parti libéral, elle apparaissait comme le moyen d'éviter la dépression anticipée après la guerre et de se maintenir au pouvoir. En outre, l'approche technique de Keynes concernant la gestion économique permettait de contourner les débats politiques et idéologiques des années 30 qui remettaient en cause la totalité du «système capitaliste». Les politiciens et les bureaucrates du Gouvernement cherchaient à reconstruire le capitalisme et la démocratie, non pas à les détruire. C'est pourquoi, vers la fin de la guerre, ils invitèrent un grand mandarin, W. A. Mackintosh, à présider le Conseil consultatif de l'économie et à planifier la reconstruction économique de l'après-guerre. Keynes avait indiqué quelles étaient les mesures à prendre. On les consigna en avril 1945 dans le Livre blanc sur l'emploi et le revenu et, quelques mois plus tard, dans les propositions du Livre vert en vue de la Conférence du Dominion et des provinces sur la reconstruction.

Avant même d'entamer la planification, sans parler d'essayer de mettre en application les doctrines «contre-cycliques» de Keynes, les planificateurs et les administrateurs avaient besoin d'information. Il fallait suivre de près l'économie avant de pouvoir la gérer. Cela impliquait que le Gouvernement aurait à s'agrandir, ou plutôt qu'il ne rétrécirait pas autant qu'il l'aurait fait après la guerre sans les doctrines de Keynes. Ce non-rétrécissement s'appliquerait en priorité à Ottawa et non aux capitales provinciales, du moins au début de l'ère keynésienne.

Certains sceptiques se sont demandé si la politique gouvernementale d'après-guerre était vraiment keynésienne ou si elle ne faisait qu'emprunter la terminologie de Keynes pour justifier l'ingérence accrue du Gouvernement dans les affaires économiques du pays. Le chef de l'opposition, le conservateur George Drew, alla jusqu'à accuser C. D. Howe d'être secrètement marxiste vu l'ardeur avec laquelle il préconisait l'intervention du Gouvernement dans l'économie. Voilà qui tenait clairement de l'abus de rhétorique, mais cela attira tout de même l'attention sur le fait que la plus grande imperfection de la théorie de Keynes n'était pas d'ordre économique; elle résidait plutôt dans ses implications sur le plan politique. Dans les périodes de récession économique, les gouvernements ayant adopté les principes keynésiens n'ont pas eu beaucoup de mal à augmenter les dépenses. Il n'en va pas de même quand il s'agit de réduire les dépenses en période d'expansion économique. Après tout, des revenus accrus représentent l'occasion de mettre en place de nouvelles politiques sans avoir à freiner les anciennes. En période de crise, on peut se fonder sur les préceptes keynésiens pour accroître la dette, et quand la situation s'améliore il y a encore plus d'argent à dépenser. Cette dernière façon de voir n'est pas ce que Keynes avait en tête, mais il n'était qu'un économiste, non pas un politicien ou un fonctionnaire.

Ce mode de dépense, que nous pourrions appeler «keynésianisme pervers», a eu cours pendant plus d'une génération. D'autres facteurs apparemment inévitables ont également contribué à la croissance du Gouvernement. Les nouvelles formes d'activité économique, les mégaprojets, l'augmentation du revenu per capita, l'urbanisation, l'intégration technologique d'activités géographiquement dispersées, ainsi que les politiques touchant l'environnement et le bien-être social, sont autant de facteurs ayant contribué à maintenir élevée la demande pour des services que le Gouvernement affirmait être le mieux en mesure de fournir. Une population vieillissante occasionne à coup sûr une augmentation progressive des ressources allouées aux soins de santé et aux pensions. Les gouvernements sont persuadés que la moindre réduction de budget se paie cher sur le plan politique, et en cela ils n'ont pas tort, du moins à court terme. Comme le disait Harold Wilson, Premier ministre britannique, «en politique, une semaine c'est long». L'ennui avec cette façon de procéder, c'est que les véritables problèmes disparaissent rarement d'eux-mêmes. Le plus souvent, le refus de dépenser un capital politique un jour se solde par une facture plus élevée le lendemain.

Dans un système fédéral comme le nôtre, les individus et les groupes de pression ne sont pas les seuls à demander une augmentation des dépenses; les gouvernements provinciaux se mettent eux aussi de la partie, de sorte que la tension exercée sur l'équilibre budgétaire croît de façon astronomique. Pour des raisons que nous élaborerons plus loin, le Québec s'est montré particulièrement exigeant, avec des demandes allant du développement économique régional au contrôle sur l'immigration. Quand on sait que tout ce qui est accordé au Québec doit être équilibré par des concessions similaires à l'endroit des autres provinces, on aboutit à un véritable engrenage fiscal: la dette ne peut qu'augmenter, elle ne diminue jamais.

Il n'y avait probablement pas grand-chose à faire pour éviter la croissance du Gouvernement après la guerre. Mais, depuis 1970 environ, une série de mesures parfaitement évitables ont été appliquées, favorisant l'accroissement de la dette au nom de la gestion de l'économie. Pour bien comprendre de quelle façon cela s'est fait, nous devons examiner de plus près l'organisation du gouvernement fédéral.

Qui dépense gagne

Les ministères d'un gouvernement peuvent être répartis en deux camps selon le rôle principal qui leur est assigné: il y a les ministères qui dépensent de l'argent et ceux qui contrôlent les dépenses. Au Canada, les «gardiens» sont le ministère des Finances et le Conseil du Trésor. Les autres ministères dépensent. La tâche première d'un ministre qui dépense est tout simplement d'obtenir le plus d'argent possible du ministère des Finances, tout en étant conscient que les déficits doivent être évités et que la politique gouvernementale vise à réduire la dette.

La dynamique de ce phénomène est pourtant simple à comprendre. Supposez que vous êtes ministre. Vous savez parfaitement qu'il est dans l'intérêt du cabinet de minimiser les dépenses, conformément à la politique de votre gouvernement. Vous savez également qu'il n'est pas dans votre intérêt, en tant que ministre, de réduire votre propre budget. Vous croyez sincèrement que vos programmes sont nécessaires, justes et bénéfiques pour la population. Vous êtes persuadé de votre efficacité administrative. S'il doit y avoir réduction de budget, elle doit s'appliquer à d'autres ministères qui, eux, ont un surplus à éliminer. Si tous les ministres raisonnent de cette façon — et c'est généralement le cas — on en arrive à quatre issues possibles. La pire à envisager est celle où vous voyez votre budget réduit au profit d'un autre ministère qui va sûrement gaspiller ce surplus. Dans le meilleur des cas, tous les ministères — sauf le vôtre — se voient contraints de réduire leurs dépenses. Mais vos collègues pensant de vous ce que vous pensez d'eux, il n'y a aucune raison valable de se faire mutuellement confiance ou de collaborer. Il n'existe par conséquent aucun moyen de comprimer le budget de tous les ministres. Vous vous contentez de vous assurer que votre budget ne sera pas réduit; si cela implique qu'aucun autre budget ne sera touché, eh bien vous saurez vous y faire. Il n'y a pas de perdants à la table des ministres, et c'est le contribuable qui paie les frais.

On peut aussi envisager le problème comme une variation sur le thème du repas gratuit. Si vous sortez déjeuner avec plusieurs personnes, vous pouvez soit demander une addition séparée pour chaque convive, soit opter pour une addition commune que vous répartirez de façon égale. Dans le premier cas, un sandwich et une bière vous suffiront sans doute. Si l'addition est commune, il est dans votre intérêt de consommer un apéritif, une entrecôte, un verre de beaujolais et, pourquoi pas, quelques digestifs pour couronner le tout, puisque le reste du groupe partage le coût de ces petits extras. Si tous les membres du groupe agissent de cette façon, l'addition sera beaucoup plus élevée qu'elle ne l'aurait été si chacun avait payé séparément. Ce genre de situation — appelée formellement «dilemme du prisonnier» — s'applique tout autant à la bureaucratie qu'aux membres du cabinet ministériel.

Si nous transposons notre exemple au Gouvernement, il semble que les ministres et les bureaucrates insistent toujours pour avoir une seule addition, et c'est au ministre des Finances qu'il revient de s'assurer qu'ils ne consomment qu'un sandwich et une bière. Il sait pertinemment que s'il permet à un seul ministre d'accroître ses dépenses (entrecôte et apéritif) pour des motifs politiques, il sera automatiquement assiégé par les autres ministres faisant valoir leurs requêtes également justifiables. Pour reprendre les termes d'un observateur, le ministre des Finances est comme un gardien de but au hockey: il sait faire des arrêts mais il ne peut pas marquer. Un bon gardien peut néanmoins être l'élément décisif d'une victoire. De plus en plus, cependant, on voit les ministres des Finances laisser de nombreuses rondelles pénétrer dans leur filet et ceux qui dépensent marquer de nombreux buts. Autrement dit, les ministres des Finances n'ont pas su prendre les décisions d'importance stratégique que leur fonction exige.

L'autre chien de garde qui veille à la dépense est le Conseil du Trésor. Son rôle principal est d'être l'employeur de la fonction publique fédérale, une masse de 240 000 salariés constituant de loin la plus grande organisation du pays. Pour être plus exact, il représente l'employeur, soit l'ensemble des contribuables canadiens. D'un point de vue financier, la fonction du Conseil du Trésor est de superviser, premièrement, l'allocation de l'argent aux ministères qui dépensent afin qu'ils poursuivent l'exécution de leurs programmes à un même niveau de fonctionnement et, deuxièmement, l'allocation de nouvelles sommes affectées aux nouveaux programmes et à l'établissement de nouvelles politiques. À Ottawa, on appelle «base A» (allocation de base) la première catégorie de ressources financières. Comme nous le verrons plus loin, l'inviolabilité de la base A est un élément clé de l'engrenage qui fait augmenter la dette. Le Conseil du Trésor doit également s'occuper de la gestion de ses énormes «ressources humaines»: il établit les mesures concernant le personnel, veille à l'application de la Loi sur les langues officielles, coordonne le processus de planification gouvernementale et négocie avec les syndicats de la fonction publique. C'est une lourde tâche, rendue d'autant plus difficile que l'«employeur» est contraint de respecter une série de politiques sociales non économiques, la plus notoire étant celle du bilinguisme officiel qui oblige le Gouvernement à utiliser simultanément les deux langues.

Si le ministère des Finances peut être comparé à un gardien de but, le Conseil du Trésor est un peu celui qui compte les points. Le secrétariat du Conseil du Trésor fait le compte de qui reçoit quel argent, et du nombre de personnes, ou années-personnes (AP) comme on les appelle à Ottawa, qui seront affectées aux ministères qui dépensent. Les critères sur lesquels on se fonde pour allouer des AP sont flexibles, c'est le moins qu'on puisse dire, et, une fois allouées, les nouvelles AP font automatiquement partie de la base A d'un ministère. Une fois qu'elles font partie de la base A, il est aussi difficile de les en extraire que d'arracher des dents à une poule. De fait, le mot d'ordre universel parmi les fonctionnaires est: «Ne touchez pas à la base A.» Pour ne prendre qu'un exemple, le ministère de la Défense nationale, dont le budget atteint 10 milliards de dollars, avait demandé à l'occasion d'une visite papale l'allocation supplémentaire de 20 000 dollars pour couvrir les frais d'un équipement spécial de sécurité. En principe, le Conseil du Trésor devrait pouvoir refuser d'accéder à une telle demande. Le simple bon sens suggère que, dans un budget de 10 milliards, il y a moyen de réassigner une somme de 20 000 dollars. Mais cela voudrait dire toucher à la base A. La Défense obtint la somme additionnelle.

Bien des observateurs qui s'intéressent à la façon dont Ottawa dépense l'argent en viennent à la conclusion qu'en pratique les gardiens dépensent eux aussi. Le ministère des Finances, par exemple, s'occupe de politique fiscale. Le discours du budget est l'événement principal au cours duquel on annonce les changements dans la politique fiscale, et vu le secret dont on est tenu d'entourer le budget, le ministre des Finances peut formuler seul sa politique fiscale. Ce faisant, il peut recourir à des comptes de dépense fiscale, communément appelés des échappatoires. Pour dire les choses simplement, les échappatoires reviennent à dépenser de l'argent en ne le réclamant pas. En 1980, on dénombrait environ 200 éléments de dépense fiscale; en 1985 ce chiffre passait à 300. Dans certaines régions du pays, presque toutes les activités commerciales bénéficient d'un allégement fiscal ou même d'une subvention directe. Le groupe de travail Nielsen chargé de l'examen des programmes gouvernementaux a ainsi dénombré 218 programmes entrepris au coût de 16,4 milliards par le Gouvernement fédéral seul ou conjointement avec les provinces, et 68 000 AP destinées à «aider» le secteur privé. Plusieurs de ces programmes prenaient la forme d'allégements fiscaux. Il est cependant virtuellement impossible de déterminer avec précision les sommes en question du fait que les dépenses fiscales individuelles ont un impact les unes sur les autres. Au juger cependant, on peut estimer le coût annuel des dépenses fiscales à environ 30 milliards de dollars. Les gens d'affaires ont recours à ces allégements fiscaux non pas parce qu'ils en ont besoin mais simplement parce qu'ils existent. Celui qui s'en abstiendrait serait désavantagé du point de vue de la concurrence dans la mesure où cela ferait augmenter les risques et les coûts assumés par son entreprise.

L'inefficacité du Conseil du Trésor en tant que chien de garde est due à des considérations d'ordre politique. Le Conseil du Trésor, établi dès le lendemain de la Confédération, est le comité le plus ancien du cabinet, mais il n'est pas le seul à influer sur le budget des dépenses. Le Comité des priorités et de la planification a contribué en particulier à réduire son pouvoir et son prestige. Si l'on exclut le président, tous les membres du Conseil du Trésor sont des ministres juniors qui aspirent naturellement à devenir ministres seniors. Il y a bien des façons pour un ministre junior de devenir senior, mais aucune ne consiste à s'opposer aux désirs d'un collègue plus puissant lorsqu'il veut dépenser de l'argent, ce qui est pratiquement toujours le cas. Quand il n'y a que deux chiens de garde sans grand enthousiasme pour faire face à environ trente-cinq membres dépensiers, il n'est pas surprenant d'apprendre que peu de ministres juniors au Conseil du Trésor se permettent de ne pas satisfaire aux demandes de ministres dont ils attendent par ailleurs qu'ils appuient leurs propres projets de dépense. Lorsque les gardiens se mettent à dépenser, leur autorité en tant qu'administrateurs des finances de l'État s'évapore. S'ils ne sont pas fermement appuyés par le Premier ministre, le ministère des Finances et le Conseil du Trésor n'ont que peu de chances de freiner les élans des ministres dépensiers. De mémoire d'homme, le Canada n'a jamais eu de Premier ministre qui se soit engagé autrement qu'en paroles à modérer les dépenses.

Ceci nous amène au problème central de la dépense publique effrénée. Deux importantes commissions royales d'enquête, celle de Glassco en 1962 et celle de Lambert en 1979, ainsi que deux groupes de travail importants, l'enquête Forget sur l'assurance-chômage en 1986 et l'étude de Nielsen la même année sur les programmes gouvernementaux, ont présenté tour à tour des recommandations sur le moyen de réduire les dépenses. Aucune d'entre elles n'a été mise en pratique. Des gouvernements sont arrivés au pouvoir grâce à leur plate-forme électorale de réduction des dépenses et ont perdu le pouvoir quand ils ont manqué à leur promesse. Pourquoi donc les gouvernements dépensent-ils comme ils le font? Comment se fait-il que ceux qui dépensent arrivent toujours gagnants et les gardiens, toujours perdants?

On pourrait s'expliquer la chose, sans trop se tromper, en blâmant la bureaucratie. Un fonctionnaire n'a pas grand intérêt à réduire les dépenses quand pratiquement toutes ses ambitions personnelles et professionnelles peuvent être directement reliées à la taille du budget qu'il contrôle. Pour être juste, cependant, il faut ajouter à cette explication des considérations d'ordre politique. La plupart des ministres seraient incapables de modifier les politiques existantes même s'ils le désiraient. Le fait est que la plupart des ministres n'ont ni l'intérêt ni la motivation nécessaires pour réduire les programmes et les dépenses — il est beaucoup plus facile de les augmenter.

Prenons l'exemple suivant: vous venez d'être nommé au cabinet. Votre première tâche, après avoir été assermenté, consiste à prendre connaissance d'une quantité imposante de dossiers et à écouter ensuite une série d'exposés présentés par des fonctionnaires qui connaissent votre ministère beaucoup mieux que vous ne le connaissez.

Ils sont aussi probablement plus intelligents que vous, mais se contentent de le prouver indirectement en vous faisant faire ce qu'ils veulent. Votre sous-ministre, qui est décidément très intelligent, ne peut pas être révoqué par vous; c'est par lui (ou par elle, peut-être) que tous les autres doivent passer et c'est de lui ou d'elle que dépendent les promotions. De toute façon, en tant que membre du cabinet, vous êtes bien trop occupé pour vous mêler du détail des affaires de votre ministère. Il faut assister aux réunions du cabinet et rencontrer les électeurs, les groupes d'intérêt et le comité électoral. Alors vous vous en remettez à vos fonctionnaires, particulièrement à vos moyens fonctionnaires. Vous savez que vous commencez à faire partie de l'équipe quand vous vous rendez compte que vous ne vous méfiez plus de tous les employés de l'État: vous avez découvert une exception, votre propre sous-ministre. C'est dans les autres ministères, vous semble-t-il, que se trouvent le bois mort, le gaspillage, le manque d'efficacité, non pas dans le vôtre.

Pour sa part, la bureaucratie considère qu'elle est permanente et que le ministre n'est qu'un oiseau de passage. Les bureaucrates savent qu'ils détiennent le pouvoir non seulement parce qu'ils survivent aux ministres et aux gouvernements, mais parce qu'il leur est très facile de frustrer un ministre enthousiaste et ambitieux qui voudrait améliorer les choses en réduisant les dépenses. Tout ce qu'ils ont à faire, c'est de lui fournir des informations incomplètes, de se mettre de connivence les uns avec les autres, de retarder les choses ou d'inventer des échéances immédiates et de contrôler l'accès à l'information. Leur capacité de frustrer n'a de limites que celles de leur imagination. Le génie de l'administration publique insiste sur une stricte observation des procédures et des formats appropriés. Les bénéfices reviennent aux bureaucrates qui font les choses selon les règles et non à ceux qui secouent la barque. Encore une fois la raison en est simple: les gestionnaires de programmes, comme on les appelle, sont faciles à identifier et à récompenser. Ceux qui tentent réellement d'innover, par une économie d'argent par exemple, vont nécessairement provoquer des tensions en perturbant la routine. Ce deuxième type d'administrateur, que l'on appelle habituellement un «gestionnaire d'unités de ressources», est plus difficile à identifier et à récompenser. C'est ce qui fait que les gestionnaires de programmes sont promus, tandis que les gestionnaires d'unités de ressources ont l'air de fauteurs de troubles.

Les gestionnaires de programmes ont institué, là où c'était possible, des normes et des règlements uniformes, obligeant le recours aux mêmes procédures dans des contextes différents. Ceci a pour effet d'inhiber toute tentative d'améliorer l'efficacité administrative par le biais d'une innovation. Or toute réforme administrative implique une innovation. Il est un autre facteur qui ne facilite en rien l'introduction de nouvelles façons de faire: la moyenne d'âge au sein de la fonction publique. Le groupe principal, comprenant près de 37 % des bureaucrates, était âgé de trente-cinq à quarante-quatre ans en 1990. Ce pourcentage est de beaucoup supérieur à celui de la population canadienne du même groupe d'âge. Une telle masse de fonctionnaires d'âge moyen qui sont là pour faire leur temps, voilà qui ne peut qu'affaiblir et même anéantir l'efficacité d'une administration. Tel un énorme bouchon, ils bloquent l'avancement des fonctionnaires plus jeunes et les empêchent de réaliser leurs ambitions. On peut donc s'attendre à ce que la résistance au changement augmente à mesure qu'il sera plus difficile de rajeunir la bureaucratie par l'apport de sang neuf. Même en supposant que le Gouvernement ait vraiment l'intention de réduire les effectifs de la fonction publique, en vertu des normes et des règlements actuels, les derniers à partir seraient les plus anciens, et donc ceux qui offrent le plus de résistance à toute innovation.

L'élément du mécanisme administratif qui contribue le plus à décourager l'économie d'argent est sans doute la doctrine des «soldes périmés». Le Parlement approuve l'allocation de fonds pour une année d'exercice; si une partie de ces ressources n'est pas dépensée, elle n'est pas disponible l'année suivante. En fait, les fonds non utilisés ne sont pas considérés comme le signe d'une administration économe et efficace mais comme l'indice d'une mauvaise planification et d'une inaptitude à respecter le budget. Lorsque les fonds sont retirés, il n'est pas sûr qu'ils restent dans le même ministère, encore moins sous la gestion d'un administrateur économe. Si vous êtes un bureaucrate frugal, vous ne le resterez pas longtemps quand vous verrez l'argent des contribuables que vous avez précieusement économisé remis aux mains de dépensiers ou, pire, à un politicien qui a l'intention de s'occuper de bricoles politiques. C'est la version bureaucratique du dilemme du prisonnier.

Le problème des soldes périmés est dû à un autre élément qui incite les bureaucrates à une mauvaise gestion: leur avancement au sein de l'administration est souvent directement relié au nombre d'AP qu'ils supervisent. Plus ce nombre est important, plus leur statut et leur salaire sont élevés. Un bureaucrate qui réussit à obtenir dix AP pour faire le travail de deux sera promu à l'échelon supérieur. Par contre, un administrateur efficace qui réduit son personnel de dix à deux court le risque d'être récompensé par une rétrogradation. De la même façon que les ministres qui dépensent l'emportent toujours sur les gardiens, les bureaucrates bâtisseurs d'empire s'en sortent toujours mieux que les administrateurs économes. En résumé, ni les politiciens ni les fonctionnaires n'ont le moindre intérêt à économiser. Sans la nécessité d'afficher un profit et sans l'aiguillon de la concurrence, il n'y a pas vraiment de comptes à rendre. En conséquence, il n'y a à peu près aucun moyen d'évaluer la performance d'un service, en dépit du nombre considérable de critères d'évaluation disponibles et des innombrables comités, organismes et bureaux chargés de leur application. Les conseillers en évaluation font partie du problème, non de la solution.

Il est tout à fait possible que, même sans le Québec, le Canada se serait enfoncé dans ce bourbier économique. Nous ne prétendons pas que le Québec soit le seul responsable du désordre économique qui touche tout le pays — malgré qu'avec leurs demandes la population et le gouvernement du Québec aient grandement contribué au gâchis actuel, comme nous le verrons plus loin. Si nous avons procédé à cet examen des mauvaises pratiques de gestion au sein du Gouvernement, c'est afin de souligner l'ampleur de la crise: nos problèmes économiques sont bien réels et ne disparaîtront pas. Nous prétendons cependant que, sans la crise constitutionnelle et la question du Québec qui en est le centre, les dirigeants du Canada auraient été capables de faire face aux difficultés économiques du pays quand elles n'étaient que des problèmes et non les crises qu'elles sont devenues. Les gouvernements qui se sont succédé ont vu le déficit s'accroître sans arrêt; Forget, Nielsen et les autres leur ont montré comment y remédier, et rien n'a été fait. Ceci nous amène au moteur politique de l'accroissement du désordre économique.

D'un point de vue strictement politique, il est tout à fait raisonnable de la part de ceux qui dépensent de ne pas s'intéresser à l'économie. Si l'on veut faire marcher les choses, livrer des programmes et s'occuper des affaires du pays, il faut dépenser de l'argent. Soit. Mais il y a plus que cela. Les politiciens, surtout les ministres, aiment que l'on se rappelle d'eux dans leur comté d'origine. Il leur est toujours agréable d'avoir un pont ou un édifice qui porte leur nom. Évidemment, ils aiment aussi gagner leurs élections. La meilleure façon d'obtenir tout cela, à leur avis, est de dépenser de l'argent. Étant donné que tout ministre, même le plus haut placé, doit se faire élire dans sa circonscription, il lui faut d'abord s'occuper de ses électeurs et ensuite de sa région. Jamais un ministre n'a été renvoyé pour s'être trop battu en faveur de sa circonscription ou de sa région, mais plusieurs ont démissionné en affirmant que le Gouvernement ne faisait pas assez pour leurs électeurs.

Si les politiciens et les bureaucrates ont chacun leur version du dilemme du prisonnier, on ne sera pas surpris d'apprendre que le pays pris dans son ensemble a aussi le sien. On en parle habituellement comme du régionalisme. Autrefois, quand les gouvernements provinciaux étaient moins importants et dépourvus d'experts ou de qui que ce soit faisant valoir sa compétence, et qu'il ne fallait pas des heures mais des jours pour se rendre de Halifax ou de North Battleford à Ottawa, les barons régionaux siégeaient à la table du cabinet et s'occupaient des leurs. Même plus récemment, ce n'est un secret pour personne que des ministres comme Allan J. MacEachen et Roméo LeBlanc étaient particulièrement habiles à obtenir des projets pour leurs propres régions. L'influence des ministres puissants se fait sentir même à l'intérieur des régions. Si l'on prend le cas de l'Alberta, par exemple, en dépit du fait que la plupart des touristes japonais qui visitent cette province soient plus intéressés par Banff que par le centre commercial de West Edmonton, le port d'entrée pour les vols directs en provenance du Japon n'est pas Calgary mais Edmonton. Les gens de Calgary n'ont pas manqué de s'apercevoir que le ministre des Affaires extérieures et le vice-Premier ministre avaient tous deux été élus dans des circonscriptions voisines d'Edmonton. Les ministres régionaux puissants obtiennent généralement des postes d'influence au sein du cabinet et sont alors capables d'influer sur les dépenses de façon à consolider leurs propres assises électorales.

Le contexte keynésien dans lequel baignent les dépenses gouvernementales exacerbe cette pratique politique «normale». En 1957, la Commission royale d'enquête Gordon sur les perspectives économiques du Canada a introduit le terme fatidique de «disparités régionales». Dès lors, les gouvernements ont pris l'engagement d'amoindrir ou même de faire disparaître ces choses apparemment terribles. De temps en temps, on voit des porte-parole de régions, habituellement des premiers ministres provinciaux, qui s'emportent et qui demandent au gouvernement fédéral de ne pas se reposer tant que la performance économique de chacune des provinces n'est pas au-dessus de la moyenne nationale. De façon à peine moins absurde, le Premier ministre de Terre-Neuve demandait à Ottawa en 1981 de dépenser suffisamment dans sa province pour que sa croissance atteigne le double de la moyenne nationale. Il n'est pas évident du tout, cependant, que les dépenses du Gouvernement, aussi extravagantes soient-elles, puissent modifier sensiblement les performances économiques régionales, du moins à court terme — seule perspective possible pour la plupart des dirigeants politiques.

Judy LaMarsh, une observatrice futée, a fait remarquer que l'entrée en vigueur des premières mesures de stimulation de l'économie régionale n'avait eu qu'un effet perturbateur. Les localités étaient entrées en compétition les unes avec les autres pour montrer à quel point elles étaient pauvres, et combien elles avaient besoin d'une aide gouvernementale. Lorsque le Premier ministre de l'époque avait déclaré que seules les localités vivant dans la plus grande détresse (*«dire straits»*) pourraient bénéficier d'un certain programme, un village entreprenant de Terre-Neuve s'était empressé de changer son nom pour celui de Dire Straits dans l'espoir d'obtenir une place au banquet. Le même état d'esprit avait régné à la Chambre des communes, de façon encore plus féroce au sein du caucus libéral, nous dit Judy LaMarsh. Cela ne veut pas dire que toutes les politiques appliquées à l'économie régionale sont irrationnelles, mais il n'empêche que cela ajoute à la perversion du double discours keynésien, en séparant (ou en «désagrégeant», comme disent les économistes) ce qui selon Keynes devait être généralisé ou «agrégé». Keynes promettait une gestion apolitique de l'économie; tout ce que l'on a obtenu c'est une mauvaise gestion politique de l'économie. Qui plus est, les plus gros parmi les goinfres ont eu droit à la plus grande part, soit l'Ontario puisque son économie était la plus importante, et le Québec étant donné qu'il criait le plus fort. Encore une fois, le résultat a été de compromettre davantage tout développement économique rationnel, pour des raisons de convenance politique.

Les dirigeants politiques n'en tirent pas pour autant les conclusions qui s'imposent: s'ils laissaient les forces du marché opérer plus librement, c'est l'économie dans son ensemble qui en bénéficierait. Il serait concevable qu'un gouvernement désirant sérieusement réduire la dette mette au rancart le projet onéreux de maintenir la population dans les régions économiquement défavorisées. Il n'est pas si fantaisiste de croire que les plus jeunes et les plus capables des assistés sociaux du Cap-Breton s'en iraient si on leur offrait du travail à Prince George ou à Port Huron. Pour ne prendre qu'un seul exemple spécifique, pourquoi serait-il impossible de réformer le programme d'assurance-chômage? Le groupe de travail

Forget a formulé des recommandations tout à fait sensées au terme d'une enquête approfondie. Pourquoi les a-t-on oubliées?

La réponse est simple: à cause du Québec. C'est le Québec qui profite plus que toute autre province de la très généreuse politique d'assurance-chômage que nous avons au Canada, une politique qui est en fait une forme déguisée d'assistance sociale plutôt qu'un véritable système d'assurance, qui donne lieu à des phénomènes aussi bizarres que la formation d'une équipe de ski financée par l'assurance-chômage à Whistler, en Colombie-Britannique, et qui a été critiquée par toute une succession de commissions et de comités. Le rapport Forget estimait que le Québec recevait 578 millions de dollars de plus que ce qu'il contribuait à l'assurance-chômage. La position du Québec sur l'échiquier de l'assurance-chômage obéit à une logique assez simple: si un Québécois doit quitter sa province et sa communauté culturelle et linguistique — sa «société distincte» — pour trouver du travail, on prétend que c'est pour lui une épreuve bien plus pénible que ce ne le serait pour un Terre-Neuvien émigrant à Toronto. Ou, pour prendre un autre exemple au cas où les Terre-Neuviens trouveraient à redire au précédent, il est certainement plus facile pour un Albertain que pour un Québécois d'aller chercher du travail en Colombie-Britannique. Par conséquent, un programme généreux d'assurance-chômage permet à un Québécois sans emploi de rester dans sa province, aux frais du contribuable. Point n'est besoin d'être un économiste au cœur froid pour conclure que la largesse de cette politique n'est pas due à un désir des Canadiens d'obtenir un niveau élevé d'assistance mais bien à des considérations d'ordre politique. Il s'ensuit qu'un Canada sans le Québec pourrait rapidement et sans peine réduire les allocations d'assurance-chômage.

Le but de cet exemple n'est pas de se demander si les non-Québécois trouvent qu'il vaut la peine de dépenser 500 millions de dollars par année pour que les Québécois puissent rester dans leur province. Ce qu'il faut en conclure, c'est que la politique déjà mal conçue de réduction des disparités régionales a pour effet d'avantager le Québec plus que toute autre province. Plutôt que de replâtrer les écarts en espérant que les dépenses gouvernementales arriveront à «stimuler» l'économie locale — ce qui n'a pas l'air de vouloir jamais se réaliser —, on ferait mieux de laisser les forces naturelles du marché agir d'elles-mêmes sur l'économie. Malheureusement la politique actuelle et son encouragement à rester immobile et improductif ne font qu'engendrer le cynisme et le désespoir. Les seuls à en tirer profit sont les politiciens à la vue courte qui prétendent aider leurs électeurs en les gardant chez eux dans la dépendance du Gouvernement. Il y a aussi bien sûr les bureaucrates qui fournissent toute cette «aide» et qui y trouvent l'avantage d'occuper un emploi et de croire qu'ils font le bien. Pour notre part, nous ne pensons pas qu'un citoyen puisse jamais être aidé en étant maintenu dans la dépendance du Gouvernement. Nous croyons que la dépendance engendre la servilité, non la confiance en soi. Et, bien que certains politiciens puissent préférer un électorat servile, nous ne croyons pas qu'il s'agisse d'une vertu civique. Nous ne pensons pas non plus qu'il soit avantageux pour qui que ce soit dans la fonction publique d'avoir à livrer des programmes inutiles ou nuisibles.

Le seul résultat non équivoque de toute cette entreprise c'est que les programmes de développement régional ont réussi à faire augmenter la dette. Là encore le mécanisme est simple. Lorsque le Gouvernement se croit dans l'obligation d'agir pour remédier au déséquilibre économique, il commence par concentrer ses efforts sur une région limitée. Étant donné que les ressources destinées à ce petit nombre de citoyens proviennent de toute la population, les groupes non visés réclament aussitôt leur part — c'est le principe du repas gratuit. Le premier groupe demandera alors une expansion de ses programmes, ce que les autres ne manqueront pas de faire à leur tour. La meilleure illustration de ce modèle nous est fournie par l'évolution du ministère de l'Expansion économique et régionale, le MEER.

En 1968, le Premier ministre Trudeau déclara avec sa verve coutumière que «l'égalité économique est aussi importante que l'égalité des droits linguistiques». Pour montrer à quel point il était sérieux, il nomma son vieux camarade Jean Marchand à la direction du MEER. Marchand annonça avec fanfare que le MEER dépenserait 80 % de son budget à l'est de Trois-Rivières, dans des «zones de croissance» désignées, comme par exemple Moncton et Saint-Jean. Les députés de la région de Montréal s'empressèrent d'attirer l'attention sur le fait que leur ville était la véritable zone de croissance de la province mais qu'*hélas!** elle restait en deçà de son potentiel. Son taux de chômage était une fois et demie supérieur à celui de Toronto, bien qu'elle ait élu plus de libéraux. La logique politique de ces faits ne menait qu'à une conclusion: Montréal devait devenir zone désignée. Et c'est ce qui fut fait, en incluant Hull et trois comtés de l'Ontario. Marchand promit que cette «Région C» ne serait établie que pour deux ans. Mais le chômage demeura élevé, le Parti québécois fut élu et Montréal eut sept ministres au cabinet. La logique politique commanda cette fois un nouveau programme fait sur mesure pour Montréal: le programme des mesures incitatives discrétionnaires. Mais si Montréal recevait un traitement de faveur, comment allaient réagir Toronto et Vancouver?

C'est pourquoi le MEER devint le MEIR, soit le ministère de l'Expansion industrielle régionale, avec le mandat de dépenser de l'argent dans tout le pays. Cela eut pour effet de concentrer la majeure partie des dépenses au profit de la région la plus puissante, soit le couloir Windsor-Québec. Dès 1985, 70 % des fonds du MEIR étaient dépensés au Québec et en Ontario. Ce fut au tour des provinces de l'Atlantique et de l'Ouest de se plaindre. Elles avaient leurs porte-parole au cabinet, elles eurent bientôt leurs agences régionales. Mais comment aurait-on pu se permettre de laisser le centre du Canada sans subventions? Alors le MEIR devint le MIST, soit le ministère de l'Industrie, des Sciences et de la Technologie, qui pouvait bien sûr dépenser un peu partout mais qui allait le faire surtout au Québec et en Ontario. Voilà pour l'illustration.

Tous ces programmes étaient entièrement conformes aux exigences du keynésianisme pervers. D'autres pays du monde libéral et industriel, notamment la Grande-Bretagne et les États-Unis, ont connu quant à eux une sorte de contre-courant antikeynésien, ou du moins un mouvement de remise en question du bien-fondé de l'intervention de l'État dans le marché, qu'il soit agrégé ou non. Au niveau des politiques, cela a pris la forme d'une «privatisation» des avoirs et des entreprises qui étaient aux mains de l'État.

Quand ils étaient dans l'opposition, les conservateurs s'étaient toujours montrés critiques envers les sociétés d'État. Peu après avoir été élu chef du Parti conservateur en 1983, Brian Mulroney mit sur pied un groupe de travail de cinq personnes pour étudier cette question. Au terme de leur enquête, celles-ci recommandèrent la liquidation des avoirs principaux, soit Petro-Canada, le CN, l'EACL et Air Canada. Le premier budget de Michael Wilson promettait de l'action, et bientôt on annonça qu'une série de sociétés d'État seraient mises en vente sous peu. Après avoir commis un certain nombre de maladresses, on réussit à en vendre quelques-unes parmi les plus petites, dont Teleglobe et de Havilland. Afin d'éviter d'autres erreurs, on créa en 1986 le Bureau de la privatisation et des affaires réglementaires. Toute société d'État qui n'avait plus de rôle à jouer sur les politiques d'intérêt public ou qui représentait une affaire intéressante du point de vue financier devenait une candidate de choix pour la privatisation.

C'était évidemment le cas d'Air Canada et de Petro-Canada, mais aussi d'autres sociétés comme les Hôtels CN et la société Harbourfront de Toronto. Il ne restait plus qu'à attendre que les conditions du marché soient propices. Une fois le Bureau établi pour «guider» le processus de privatisation, les choses se mirent à ralentir. C'était une façon d'éviter les erreurs commises au début du premier mandat Mulroney. On s'était également rendu compte que la valeur marchande d'une société d'envergure comme Petro-Canada était en dessous de sa valeur comptable, ce qui impliquait que sa liquidation aurait eu pour effet d'accroître le déficit.

D'autres raisons expliquent que le rythme des privatisations ait été ralenti. Le ministre des Finances, par exemple, aimerait bien que les avoirs des sociétés d'État reviennent à sa tirelire, le Trésor. Mais les ministres qui dépensent maintiennent avec insistance que tous les fonds générés doivent rester entre leurs mains. Le produit obtenu sur les 45 % d'Air Canada, par exemple, a servi à l'achat de nouveaux avions. Les ventes moins importantes ont surtout profité au ministère des Finances, mais il n'y avait pas de quoi faire une entaille au déficit. Cette opposition entre les ministres qui dépensent et le ministère des

Finances se double d'un autre élément encore plus décisif: les ministres haut placés et les comités électoraux régionaux des députés se méfient de la privatisation dans la mesure où elle pourrait priver leurs circonscriptions de bénéfices économiques et d'emplois que le marché ne saurait remplacer. L'opposition à la privatisation revient dans ce cas à offrir des «repas gratuits» à sa localité. Malheureusement, il n'y a pas de repas gratuits: ce sont les autres qui en font les frais.

Un seul exemple devrait suffire. La société Harbourfront possède, au centre-ville de Toronto, un immeuble dont la valeur est estimée à plus de 100 millions de dollars. Les libéraux de Pierre Elliott Trudeau l'avaient offert à la ville en guise de récompense ou de pot-de-vin pendant les élections de 1972. Aujourd'hui, les ministres conservateurs de la région de Toronto maintiennent qu'il s'agit d'un cadeau fait à la ville et qu'il serait grossier de le reprendre et de le remettre aux mains de «promoteurs». Ou alors, s'il fallait le privatiser, le produit devrait être utilisé pour promouvoir les événements culturels et les activités récréatives des bonnes gens de la ville la plus riche du Canada. Pour une raison ou une autre, les ministres et les députés du reste du pays ne l'ont jamais entendu de cette façon. Ils en ont d'ailleurs profité pour présenter leur propre requête spéciale dans le but d'épargner leurs propres sociétés d'État. On a dû toutes les garder puisqu'il était impossible de ne se défaire que d'une seule. Qu'il s'agisse de véritables initiatives de dépense ou d'efforts pour récupérer des fonds par la privatisation, les exigences régionales et la logique politique mènent à une allocation des ressources qui n'est pas économique. Et cela dure depuis une génération.

Il y a aussi la question de la langue. Tous les Canadiens savent que la langue est devenue aujourd'hui un problème de nature politique, mais de là à bien comprendre l'origine de cette situation ou à envisager des solutions, il y a un grand pas. Pour clarifier un peu les choses, nous commencerons par signaler que la langue est devenue un problème politique au Canada quand elle est devenue un problème politique au Québec, ce qui s'est produit lorsque la nouvelle classe moyenne a épuisé ses possibilités au sein des bureaucraties unilingues publiques et quasi publiques de la province. La réussite de la nouvelle classe moyenne date de la Révolution tranquille, lorsqu'elle prit le contrôle des services de santé et d'éducation ainsi que des services sociaux. De leur côté, les entreprises privées avaient été intégrées à l'économie nationale, continentale et mondiale, domaine dans lequel on n'utilise à peu près que l'anglais. Autrement dit, les bureaucraties productives du point de vue économique — les services du secteur privé qui financent les dépenses des services de santé et d'éducation ainsi que les services sociaux — restèrent imperméables au français. Dans l'ensemble, le travail de bureau, ainsi que les postes réservés aux administrateurs et aux cols blancs, restèrent aux mains des «Anglais». Les entreprises nationales et internationales prétendirent que l'usage de l'anglais augmentait leur efficacité; que cela ait été vrai ou non, il s'agissait d'un argument qui les arrangeait bien, mais qui ne réussit pas à convaincre les nationalistes de la nouvelle classe moyenne québécoise ni le gouvernement du Québec qui servait ses intérêts. Conséquemment, il ne fut pas bien difficile de faire voter les lois sur la langue qui s'imposaient. Une telle action n'avait rien de sinistre ou de fâcheux, elle ne faisait que réaffirmer ce que tout le monde sait en vertu du sens commun: premièrement, les gouvernements servent les intérêts de ceux qui les élisent et, deuxièmement, la langue est une affaire de territorialité.

En raison du déni de cette deuxième proposition, le bilinguisme officiel est soit un gaspillage, soit un facteur d'irritation. Le journaliste Peter Brimelow comparait le fait d'écouter les messages bilingues annonçant les vols aériens entre Prince Rupert et Vancouver à la coutume des paysans irlandais qui laissaient des bols de lait sur le pas de leur porte pour les «petites gens» avec qui ils croyaient partager leur île. L'irritation que cela provoque n'est pas l'expression d'une attitude antifrançaise, mais celle d'une impatience face à une politique mal conçue. La langue est réellement une affaire de territorialité et, à moins d'une coercition massive, il n'existe aucun moyen sûr pour que le Gouvernement «sauve» les communautés françaises hors Québec. Le Premier ministre Bourassa a clairement démontré qu'il recon-naissait cet état de chose quand il a déclaré à Edmonton, en avril 1988, qu'il était satisfait de la façon dont la Saskatchewan traitait ses citoyens de langue française, et qu'il était sûr que son bon ami Don Getty saurait en faire autant en Alberta.

Depuis le début de la Révolution tranquille, les gouvernements du Québec ont tous plus ou moins considéré que les francophones hors Québec étaient des brebis perdues. Cela est peut-être vrai ou peut-être pas. Ce qui est sûr, cependant, c'est que le salut de ces communautés ne dépend que d'elles et des hommes et des femmes qui les composent. Comme pour toutes les minorités au sein d'une démocratie, c'est à elles seules de déterminer le degré d'acculturation qu'elles veulent atteindre.

On tente parfois de justifier le bilinguisme officiel en l'élevant au rang d'un «noble idéal». Il se peut que cela soit juste et, dans ce cas, cela reviendrait à une sorte de *noblesse oblige**. Ceux qui poursuivent des idéaux nobles oublient cependant que la noblesse *n'oblige que la noblesse**. Ce sont tous les autres qui paient, semble-t-il, pour que ce petit nombre puisse poursuivre sa noble quête et s'en féliciter. Une version moins antipathique de ce curieux *snobisme** veut que l'apprentissage d'une deuxième langue soit un bienfait pour les Canadiens. Le bilinguisme officiel n'a pourtant rien à voir avec l'amélioration de soi: c'est une doctrine qui contraint de droit le gouvernement du Canada à utiliser simultanément les deux langues. Quand on sait que ce Gouvernement accapare 50 % du PNB et qu'il n'y a que 7 % d'anglophones qui parlent couramment le français, cela montre de quelle façon la distribution du pouvoir peut être biaisée. L'autre fonction du bilinguisme officiel, soit de surmonter la prétendue aliénation du Québec, est également une farce. Pire qu'une farce, c'est une insulte. On peut difficilement imaginer un politicien québécois, ou même qui que ce soit de la nation française en Amérique du Nord, faisant du bilinguisme une vertu morale ou politique. Il n'y a que les commissaires aux Langues officielles qui nourrissent encore cette illusion.

En guise de post-scriptum, il faut mentionner que cette tentative futile de montrer au Québec la valeur de la Confédération comporte des coûts financiers pour le reste du pays. Les coûts directs du bilinguisme, par exemple, peuvent être calculés à partir des estimations des comptes publics du Secrétariat d'État. À partir de 1971 et pour des périodes de cinq années, les chiffres sont passés de moins d'un demi-milliard pour la période 1971-1975 à plus d'un milliard pour la période 1975-1980, grimpant à près de 1,5 milliard pour 1980-1985 et à 2,3 milliards pour 1985-1990. En plus de ces coûts directs réellement impressionnants, il faut considérer les coûts indirects assumés par les entreprises qui ont été persuadées de se conformer aux directives gouvernementales.

Le bilinguisme officiel n'est que l'élément le plus voyant de toute une série de mesures futiles destinées à préserver l'allégeance du Québec. On a voulu s'assurer la loyauté politique de cette province en stimulant directement l'économie locale par une suite de dépenses, d'investissements et de transferts fiscaux. Certaines de ces dépenses font partie des transferts normaux d'un gouvernement attaché aux doctrines keynésiennes. Les impôts perçus au Québec circulent à Ottawa puis sont remis à la province sous forme de dépense du gouvernement fédéral. En plus de ce que l'on pourrait appeler des comptes financiers en balance ou alignés, on peut en trouver qui ne le sont pas. Ce sont de loin les plus intéressants. Pendant le débat sur le référendum de 1980, les ministres fédéralistes d'Ottawa ont mentionné des chiffres imposants. André Ouellet a fait savoir que le gouvernement canadien dépensait plus de 5 milliards par année en salaires, assistance sociale, subventions, dépenses en capital, prêts garantis et contrats; son collègue Marc Lalonde a fait remarquer qu'en tant que pays indépendant le Québec aurait à payer une somme additionnelle de 3,8 milliards de dollars pour son pétrole. Mais ce n'était que la pointe de l'iceberg.

Il n'est pas facile de vérifier qu'une province est favorisée par rapport aux autres, mais ce n'est pas une tâche impossible. Elle a été entreprise par Robert L. Mansell et Ronald C. Schlenker du Département des sciences économiques de l'Université de Calgary, qui se sont penchés sur la période de 1961-1988 à l'aide des données fournies par Statistique Canada. Mansell et Schlenker font le calcul annuel de ce qu'ils appellent l'allocation régionale des soldes fiscaux fédéraux nets. C'est une façon technique d'estimer si une province ou une région reçoit plus qu'elle ne donne. Un «solde fiscal fédéral net» est le total de tous les revenus fédéraux (impôts directs et indirects, transferts courants des personnes et revenu de placements) moins les dépenses fédérales et les transferts qui profitent à cette province ou région. On considère de l'autre côté les dépenses courantes sur les produits et services, les paiements relatifs au transfert, l'intérêt sur la dette publique et l'investissement en capital fixe et en stocks. Un solde fédéral net positif signifie que la combinaison de toutes les politiques fédérales d'imposition et de dépense produit un retrait net de l'économie de la province ou région considérée. Du point de vue d'Ottawa, un solde positif représente une contribution nette de la province au financement des activités du gouvernement fédéral. À l'inverse, un solde négatif correspond à une injection nette dans l'économie de la province ou région. Mansell et Schlenker ne considèrent que les effets directs.

De temps en temps, les pontifes de la politique affirment que le Québec et l'Ouest ont beaucoup en commun et qu'ils sont des alliés politiques naturels face à Ottawa et à l'Ontario. On raconte que Peter Lougheed et René Lévesque s'entendaient à merveille — cela peut bien être vrai. Il est certain que les populations de l'Ouest et du Québec sont comparables du point de vue de leur taille. Si l'on considère les soldes fiscaux toutefois, ce ne sont pas les similitudes mais les différences qui sautent aux yeux.

En comparant les données qui se rapportent au Québec et à l'Ouest, il faut garder en mémoire que l'Ouest inclut deux provinces «pauvres», soit la Saskatchewan et le Manitoba, pour lesquelles le Gouvernement dépense beaucoup plus qu'il ne retire. Pour la période allant de 1961 à 1988, le Gouvernement fédéral a dépensé au Québec 136 milliards de plus que ce qu'il n'a prélevé. Dans l'Ouest, il a prélevé 100 milliards de plus que ce qu'il n'a dépensé. En ne considérant que l'Alberta et la Colombie-Britannique, il a prélevé 155 milliards de plus que ce qu'il n'a dépensé. Sur une base per capita, chaque Québécois a reçu annuellement 757 dollars pendant la période allant de 1961 à 1988 et chaque Canadien de l'Ouest a payé environ

795 dollars. Pendant la période qui a suivi la première victoire du PQ en 1976, le prix payé par les Canadiens de l'Ouest est resté à peu près le même, soit 750 dollars par habitant. Mais chaque Québécois a reçu 1 565 dollars. On n'a pas besoin d'être cynique ou de toujours s'attendre au pire de la part du Gouvernement pour conclure que le gouvernement fédéral dépensait de l'argent dans le but d'acheter la loyauté du Québec. Ça n'a pas marché.

Nous avons fait remarquer plus haut dans ce chapitre qu'après le milieu des années 70 — soit l'époque de la première victoire du PQ — le gouvernement fédéral était devenu incapable de gérer le budget de ses dépenses et avait donc commencé à afficher des déficits annuels importants. Lorsqu'on tient compte du déficit, les résultats sont encore plus révélateurs: le solde fédéral pour le Québec est d'environ 63 milliards de dollars en faveur de la province. Sur une base per capita, chaque Québécois a reçu 816 dollars par année; chaque Canadien de l'Ouest a payé 572 dollars. Si l'on ne considère que l'Alberta et la Colombie-Britannique, les données évoluent dans les directions prévues.

Nous avons déjà dit que le Québec n'est pas la cause de cette politique perverse. Les exigences d'autres provinces et d'autres régions auraient sans doute contribué à accroître la dette. Nous n'avons pas l'intention d'accuser le Québec ni de blâmer les Québécois pour avoir joué le jeu. Mais nous disons que le jeu doit être changé et que le pays ne peut plus se permettre de jouer. Le Québec s'est trouvé injustement avantagé du fait que ses exigences sur le plan économique ont toujours été entendues simultanément comme des exigences politiques. La décision d'accorder plus de poids politique à une demande du Québec qu'à n'importe quelle demande similaire venant du Manitoba, par exemple, se fonde implicitement sur la menace de séparation. C'est ce qu'a démontré de façon indubitable la décision d'adjuger à une firme montréalaise le contrat de réparation des CF-18, alors qu'une firme de Winnipeg avait présenté une offre nettement plus avantageuse.

Nous avons dit que nous ne blâmons pas le Québec et nous le disons sérieusement. Mais nous n'allons pas pour autant fermer les yeux sur les conséquences du problème du Québec. L'attention injustifiée qui a été accordée aux exigences politiques de cette province — exigences auxquelles on ne pourra jamais répondre, selon nous — n'a eu que des effets néfastes sur le reste du pays. Jusqu'à maintenant les coûts se sont limités au domaine de l'économie. Il se pourrait que demain nous ayons à payer un prix politique.

Conséquences politiques

Pour faire le bilan de la performance du gouvernement du Canada au cours des vingt-cinq dernières années, il faut un point de départ. Nous avons commencé par examiner l'économie et l'incapacité du Gouvernement à la gérer — les erreurs sont flagrantes et les arguments sont clairs. En accordant la place d'honneur à l'économie dans le répertoire des erreurs, nous ne souscrivons pas au déterminisme économique. Nous voulons simplement souligner que les politiques en matière d'économie sont particulièrement importantes, et que le Gouvernement les a bousillées pour des motifs politiques peu judicieux, notamment l'espoir de faire abandonner au Québec ses aspirations indépendantistes en lui graissant la patte. Les retombées politiques sont claires à en juger par la faiblesse inégalée du niveau de l'appui populaire au gouvernement Mulroney. Il devrait être évident qu'un citoyen dont la loyauté peut être achetée n'est pas digne de sa citoyenneté. N'importe quel Québécois ayant un tant soit peu de fierté rejetterait toute tentative d'acheter sa loyauté. Face à une telle stratégie, on pourrait même s'attendre à ce que le sentiment nationaliste québécois prenne de l'ampleur au lieu de diminuer. Et qui plus est, comment les non-Québécois pourraient-ils faire autrement que de considérer avec mépris ceux qui ont vendu leur droit de naissance pour un contrat de CF-18?

   Évidemment, ceci ne veut pas dire que les gouvernements ne se trouvent jamais dans la nécessité de livrer des programmes dont les citoyens ont besoin ou qu'ils désirent tout simplement. Personne dans ce pays n'est assez naïf pour croire que la survie des gouvernements ne dépend que de la seule bonne volonté. Au contraire, le leadership au Canada est relié à la crédibilité et à l'argent. Quand le Gouvernement manque d'argent, il perd sa crédibilité et son soutien. Il y a quarante ans, le Canada était un modèle de probité fiscale; aujourd'hui, après des années de mauvaise gestion, nous devons nous attendre à une réduction marquée de notre niveau de vie. Nos choix sont de plus en plus limités, et les occasions d'agir pour remédier au désordre économique et politique se font de plus en plus rares. Les coûts du remboursement de la dette (qui sont élevés et acquittés en premier), et l'incapacité ou la mauvaise grâce dont font preuve les ministres et les bureaucrates quand il s'agit de contrôler les dépenses ou d'introduire des mesures administratives rentables, signifient que le Gouvernement peut difficilement réaménager les dépenses pour s'attaquer aux réels problèmes de l'heure. Cela vaut tout autant et de façon plus importante encore pour les problèmes que le pays aura nécessairement à affronter dans l'avenir. Ces problèmes sont très variés, allant de questions marginales et peut-être non existantes comme l'effet de serre et la détérioration de la couche d'ozone, sur lesquelles le Canada a en fait très peu de contrôle (malgré la préoccupation réelle des Canadiens à ce sujet), jusqu'aux questions évidentes et centrales de l'éducation, de la recherche et du développement, et de la modernisation de l'industrie. Au sein de la communauté internationale de la recherche et du développement, le Canada fait aujourd'hui figure de parent pauvre. Notre système d'éducation manque chroniquement de fonds, et certaines de nos installations industrielles appellent la comparaison avec des secteurs récemment libérés de l'ancien empire soviétique. Les Canadiens sont de plus en plus nombreux à le savoir et à ne plus faire confiance au Gouvernement et aux institutions fédérales. On peut en voir un signe non seulement dans l'accroissement du sentiment en faveur de l'indépendance au Québec, mais aussi, comme nous le disions plus tôt, dans le programme constitutionnel approuvé en été 1990 par les quatre premiers ministres de l'Ouest lors de leur conférence à Lloydminster. Ces initiatives et d'autres semblables ne sont pas passées inaperçues à Ottawa, mais le Gouvernement ignore visiblement la façon dont il lui faudrait réagir. Sans la confiance des citoyens et sans les fonds suffisants pour s'attaquer aux problèmes réels de notre avenir en tant que nation, le gouvernement d'Ottawa a perdu progressivement tous ses moyens jusqu'à devenir moribond. Voilà pourquoi il peut être fatal pour n'importe quel premier ministre de s'associer à Brian Mulroney.

Le sentiment de désintégration nationale qui a suivi l'échec du lac Meech a fourni une occasion inespérée aux politiciens provinciaux malicieux et pleins d'ambition — particulièrement au Québec — de faire avancer leur propre cause. Après des années d'indifférence de la part d'Ottawa envers les problèmes de leurs provinces, les premiers ministres de l'Ouest à tout le moins ont tout intérêt à réclamer plus de pouvoir. Les provinces de l'Atlantique elles-mêmes semblent vouloir briser les liens qui les ont maintenues dans la dépendance d'Ottawa depuis des générations. Dans les deux cas, cette nouvelle audace semble avoir été stimulée par la conviction qu'Ottawa est incapable de satisfaire qui que ce soit. On ne peut pas appliquer le même raisonnement au cas du Québec. Non seulement ses intérêts n'ont pas été ignorés, mais cela fait un quart de siècle qu'ils commandent l'évolution politique et constitutionnelle du pays. Étant donné que les options du gouvernement fédéral sont sévèrement limitées du fait de son incapacité et de sa maladresse en matière de fiscalité, on a en main tous les ingrédients d'une recette canadienne pour le désastre économique et politique.

À ce point-ci, une anecdote vaut mille analyses. Lorsqu'il travaillait comme jeune reporter au *Financial Post,* le journaliste Peter Brimelow avait interviewé Joe Clark. C'était en 1975, Clark était candidat à la direction du Parti conservateur. Brimelow commença son entrevue en demandant à Clark son opinion sur le rapport que venait de remettre le Conseil économique du Canada intitulé *Au-delà des frontières.* On y avait recommandé l'établissement du libre-échange avec les États-Unis. Ce rapport avait bien sûr été copieusement dénoncé par plusieurs fervents défenseurs du «nationalisme» canadien, du même acabit que ceux qui allaient dénoncer vingt ans plus tard l'Accord de libre-échange. Clark répondit qu'il ne connaissait pas grand-chose à l'économique. «Voyez-vous, dit-il à un Brimelow incrédule, lorsque je suis entré en politique, j'ai dû choisir entre l'étude de l'économique et celle du français.» Celui qui allait un jour devenir Premier ministre et ministre des Affaires extérieures a de toute évidence fait le bon choix pour ce qui est de sa carrière. Mais ce choix a-t-il profité au pays?

Il est dans la nature des choses que la politique soit destinée à prendre plus d'importance que l'économique. Mais cela ne veut pas dire qu'il soit plus important d'apprendre le français que d'étudier l'économique. Cela n'est vrai qu'au Canada et seulement à cause du Québec — ou plutôt, parce que l'existence du Québec au sein du Canada a permis à des générations d'entrepreneurs politiques de manipuler à leur avantage une division ethnique, culturelle et linguistique.

Pour des raisons d'ordre politique donc, les chefs de parti doivent aujourd'hui être bilingues. Dans les faits, cet impératif signifie que les candidats au poste de premier ministre ne peuvent être recrutés qu'au Québec. Lorsque Joe Clark est devenu chef du Parti conservateur en 1976, il devait sa victoire, du moins en partie, à une bonne fortune exceptionnelle. On oublie parfois qu'il l'avait emporté sur deux Québécois, Brian Mulroney et Claude Wagner. Lorsque Brian Mulroney a finalement été élu en 1983, sa maîtrise du français était son principal sinon son unique atout politique. Il n'avait jamais été élu et n'avait même jamais pris part à une lutte électorale avant d'être choisi comme chef des conservateurs. Lorsque des politiciens de bien plus grande expérience — comme John Crosbie — ont mis en doute la nécessité d'être bilingue, ils se sont fait sévèrement réprimander dans les deux langues. La vérité c'est que Crosbie avait raison. Il n'est pas du tout évident que la capacité de se faire passer pour un membre de la communauté francophone ou anglophone soit une vertu politique. Cette aptitude est le propre des caméléons, et non des hommes d'État.

À cet égard, il n'existe aucune différence entre les libéraux et les conservateurs, si ce n'est une différence de style. Les libéraux ont eu la sagesse de dresser Pierre Elliott Trudeau pendant un an en tant que membre du cabinet avant d'en faire leur chef. Plus récemment, le Parti libéral assurait la présence d'un Québécois à sa direction, en opposant dans sa course au leadership Jean Chrétien et Paul Martin. (De ce point de vue, Martin aurait été préférable puisque, comme Trudeau et Mulroney, il parle les deux langues sans accent.) Les conséquences sont claires: en faisant du bilinguisme et de l'hermaphrodisme culturel des critères majeurs de sélection d'un dirigeant politique, on en arrive à exclure un nombre considérable de Canadiens de la liste des candidats possibles. La réduction artificielle du nombre de dirigeants admissibles a contribué à amplifier la crise de leadership qui sévit à l'heure actuelle.

Nous conclurons ce chapitre par l'observation suivante: en accordant une attention démesurée à la place que devrait occuper le Québec au sein du pays, la dernière génération de dirigeants politiques canadiens nous a dotés d'une crise constitutionnelle chronique, compromettant ainsi la résolution des vrais problèmes auxquels nous faisons face et qui ne feront que s'aggraver. Plusieurs de ces problèmes sont tout simplement la conséquence de dépenses publiques effrénées, manifestement impossibles à contrôler. La négligence du Gouvernement face à ces réels problèmes lui a valu la perte progressive de la confiance des Canadiens. Sans appui, il lui est devenu d'autant plus difficile de faire face à la crise constitutionnelle. Cercle vicieux ou dilemme du prisonnier, nous avons abouti à un terrible gâchis. Il sera coûteux et difficile de nous en sortir. Tout comme la moribonde Union Soviétique, nous avons grand besoin d'une *novoye myshleniye* — d'une «pensée nouvelle». Nous en présentons des éléments dans les chapitres qui suivent, en esquissant l'évolution des relations entre le Canada et le Québec.

2

DEUX CANADAS

René Lévesque s'est souvenu toute sa vie de cette nuit-là:

> Ça riait, ça pleurait. Tous s'embrassaient, hurlaient. Dans notre comité *secret* [...] le plafond menaçait de s'écrouler, et je crus que ça y était lorsqu'un bruit lourd et sourd se fit entendre au fond de la pièce. C'était notre jeune organisateur en chef qui venait, tout raidi, de tomber dans un état cataleptique. La tension avait été trop forte.

C'était le 22 juin 1960. Les libéraux de Jean Lesage venaient de remporter les élections provinciales, mettant fin aux seize années de règne de l'Union nationale, parti de l'extrême droite. Quelques jours plus tard, René Lévesque était assermenté en tant que nouveau ministre des Travaux publics. La Révolution tranquille était amorcée.

La victoire des libéraux sous Lesage mit en branle une série d'événements qui n'ont pas encore atteint aujourd'hui leur point culminant. La Révolution tranquille inaugurait une période de profonde transformation qui allait entraîner les Québécois dans le monde moderne, réanimant au passage des aspirations séculaires à l'indépendance. Depuis cette nuit du 22 juin 1960 jusqu'à aujourd'hui, c'est le Québec qui a déterminé l'évolution du fédéralisme canadien. Cette nuit marquait le début d'une nouvelle phase dans la lutte des Français du Québec pour survivre en tant que petite minorité au sein d'un continent anglophone; mais, comme c'est le cas pour la plupart des événements historiques, la nouveauté était plus apparente que réelle.

Les Français ont lutté pour leur survie en Amérique depuis le tout début de l'exploration et de la colonisation européennes. La colonie britannique de Jamestown fut le premier établissement permanent européen au nord du Rio Grande, et l'Habitation érigée par Samuel de Champlain en 1608, le deuxième. Bien que les Anglais et les Français aient commencé à coloniser l'Amérique du Nord à peu près en même temps, les Anglais eurent nettement plus de succès. Les Français semblaient incapables de décider ce qu'ils voulaient faire en Amérique — la traite des fourrures ou le déboisement pour construire les fermes et les villages que les colons viendraient peupler. En fait, ces deux types d'activité économique n'étaient pas compatibles: si les fermiers rasaient les forêts, ils détruisaient l'habitat des animaux à fourrure et menaçaient les Indiens, qui étaient susceptibles de résister. L'agriculture constituait un danger immédiat pour leurs terres et une menace indirecte pour leur rôle dans l'économie de la traite des fourrures.

Les colons venus des îles britanniques — nous les appellerons «les Anglais», en nous excusant auprès des Gallois, des Irlandais et des Écossais — étaient plus constants, malgré leurs différences de religion, de classe et de profession. Pour eux, l'Amérique représentait une terre libre de persécution religieuse, où l'on pouvait amasser une fortune et fonder une société plus égalitaire. Ils vinrent en Amérique par centaines de milliers; les Français vinrent par centaines.

Lorsque l'Angleterre et la France s'engagèrent dans une série de guerres pour prendre possession du continent — des guerres qui, en Amérique du Nord, faisaient figure d'escarmouches en comparaison avec les conflits qui secouaient le monde —, les colons français avaient tout de même un certain avantage sur les Anglais. Ils étaient plus unis dans la mesure où ils étaient de même religion et venaient des mêmes régions de France. Ils étaient regroupés dans une petite colonie compacte qui s'étendait principalement de la rivière du Saguenay à l'île de Montréal (bien que les postes de traite de fourrures et les forts fussent éparpillés à l'intérieur du continent). Ils étaient de loin les plus habiles dans l'art de la guerre, après des dizaines d'années de lutte contre les Iroquois. Les Anglais qui vivaient dans les quatorze colonies britanniques étaient pour leur part dispersés de haut en bas du littoral est, et de la côte Atlantique aux contreforts des Appalaches. Éloignés les uns des autres, ils étaient de surcroît divisés par la religion, la profession et les rivalités régionales. Mais ils avaient tout de même un avantage qui allait tôt ou tard porter fruit: au commencement des derniers affrontements (en 1754), ils étaient trente fois plus nombreux que les Français!

On a dit de la bataille qui eut lieu le 13 septembre 1759 sur les plaines d'Abraham, juste à l'ouest des murs de la ville de Québec, qu'elle avait été «la plus décisive de l'histoire canadienne». Mais, comme c'est le cas de bien des événements historiques, son importance a été exagérée. Il est certes vrai que, lors de cette bataille, un contingent de soldats britanniques sous le commandement du général Wolfe battit les troupes du général Montcalm qui rassemblaient des Français, des Canadiens français et des Indiens. Il est également vrai que l'armée britannique s'empara alors de la ville de Québec qui, située à un endroit où le fleuve Saint-Laurent se rétrécit, contrôlait les voies d'approvisionnement de la France vers la Nouvelle-France. Cela mit effectivement un terme à la guerre en Amérique. La fameuse «conquête» doit cependant être démythifiée sous deux rapports. Tout d'abord, la prise de possession de la Nouvelle-France par la Grande-Bretagne ne fut influencée que de façon marginale par la bataille relativement peu importante de 1759. Même si Montcalm l'avait emporté au champ d'honneur, il est fort probable que Québec se serait de toute façon retrouvée aux mains des Britanniques, étant donné que la France ne répugnait pas le moins du monde à s'en défaire. En 1763, le Traité de Paris mit fin à une guerre qui sévissait dans le monde entier. La France dut céder à l'Empire britannique ses colonies du Saint-Laurent ainsi que le Cap-Breton et l'Acadie, ne gardant que l'archipel de Saint-Pierre-et-Miquelon. Les Britanniques restituèrent à contrecoeur cinq îles à la France: la Guadeloupe, la Martinique, Belle-Isle, Marie-Galante et Sainte-Lucie. Mais cet échange de territoires était loin de signifier la fin de la présence française en Amérique.

Avec l'aide des colons britanniques et de leurs alliés indiens, l'armée britannique avait conquis la Nouvelle-France; mais la «conquête» des colons français allait nécessiter l'immigration massive de colons anglais. Pour faire disparaître la culture française et la religion catholique romaine du Québec, il fallait refuser à la population catholique française le moyen légal de survivre et la submerger sous le nombre des immigrés protestants de langue anglaise. Les Britanniques tentèrent brièvement l'expérience, mais, au cours des premières années après la cession, peu de colons anglophones vinrent s'installer au Québec. Lorsque les tensions commencèrent à s'accroître entre les Britanniques et leurs colons américains — tensions qui ultimement feraient éclater la Révolution américaine de 1775 —, les Britanniques tentèrent d'obtenir l'allégeance des colons français. L'Acte de Québec de 1774 maintenait le code civil de France en vigueur dans la colonie (même s'il instaurait également le droit criminel britannique) et conférait un haut degré de liberté religieuse aux catholiques, sans toutefois leur octroyer le droit de vote (les catholiques en Grande-Bretagne n'avaient à l'époque aucun droit religieux). L'Acte maintenait également l'ancien système de tenure de la Nouvelle-France — le système seigneurial —, les Britanniques croyant à tort qu'il était le fondement du prestige et de la richesse de l'aristocratie terrienne locale. Ils étaient persuadés que les seigneurs et l'Église catholique leur seraient acquis grâce à l'Acte de Québec, qui interdisait en particulier l'établissement dans la colonie d'une assemblée législative élue. Cette dernière disposition visait à empêcher la poignée de colons anglais établis au Québec depuis la conquête de dominer les Français qui ne pouvaient élire les membres de l'Assemblée. Pour l'instant, la politique britannique semblait assurer aux Français la possibilité de survivre en Amérique.

Après la Révolution américaine de 1775 à 1783, l'exode des loyalistes emmena des dizaines de milliers d'immigrés anglophones dans le nord, mais peu d'entre eux s'établirent parmi les Français. Ils s'en allèrent plutôt en Nouvelle-Écosse et dans l'ouest du Québec. Ceux qui avaient choisi cette dernière destination contestèrent l'Acte de Québec et réclamèrent le code civil anglais, un régime foncier anglais (ou plutôt colonial américain) ainsi qu'une assemblée législative. Les Britanniques répondirent en 1791 par l'Acte constitutionnel qui allait scinder le Québec en deux colonies distinctes — le Haut-Canada (aujourd'hui l'Ontario) et le Bas-Canada (le Québec actuel). Chacune des deux colonies aurait un corps législatif élu. Le Haut-Canada aurait des lois et un régime foncier anglais; et le Bas-Canada, le code civil et le système seigneurial français. Les deux colonies auraient également une Chambre haute désignée par le gouverneur britannique, ainsi qu'un conseil exécutif — l'équivalent d'un cabinet — désigné lui aussi par le gouverneur. Tous les éléments étaient en place pour que naisse le conflit Français-Anglais en Amérique du Nord.

En dépit du fait que les Français du Bas-Canada avaient le droit de vote et surpassaient de beaucoup en nombre les Anglais qui vivaient parmi eux, leur colonie était dominée par le gouverneur britannique et sa petite clique de fidèles, presque tous des Anglais. Ils appartenaient pour la plupart au milieu des affaires de Québec et de Montréal, qui faisait fortune grâce au commerce de la fourrure du Nord-Ouest et qui voulait en investir les profits dans le transport maritime, les affaires, le brassage et d'autres activités destinées à s'enrichir davantage et à assurer la prospérité de tout le pays. Comme bien des hommes d'affaires l'avaient fait avant eux et continueraient à le faire, ils demandèrent de l'aide au gouvernement. Ils considéraient les Français comme un peuple arriéré, primitif et superstitieux, dominé par l'Église et mené par des hommes — les seigneurs et le clergé — qui ne manifestaient ni compréhension ni sympathie pour le monde des affaires.

De fait, les Français étaient bel et bien dominés par les seigneurs et par l'Église. Après la conquête, peu d'autres groupes avaient été en mesure d'exercer aussi naturellement leur influence. Avant la cession de la Nouvelle-France à la Grande-Bretagne on ne comptait pas beaucoup d'hommes d'affaires français; les seuls qui avaient réussi œuvraient dans le commerce des fourrures, désormais dominé par les Anglais. L'Acte de Québec avait accru le pouvoir de l'Église en la dotant d'un statut qu'elle n'avait jamais eu en Nouvelle-France. Il en allait de même pour l'autorité des seigneurs, qui jusqu'à l'arrivée des Britanniques n'étaient pas beaucoup plus que des agents du régime foncier. L'Église voulait que ses brebis «rendent à César ce qui appartient à César; et à Dieu ce qui appartient à Dieu». Le pouvoir anglais avait confirmé l'Église dans la fonction d'éducateur, de pasteur, de consolateur des malades, de responsable du registre des naissances, des décès et des mariages, et de dispensateur général de bien-être à la population. Sa hiérarchie était antidémocratique, antilibérale, antirépublicaine et anticapitaliste.

Au cours des premières décennies du XIXᵉ siècle, la lutte entre les Anglais et les Français s'intensifia au Bas-Canada. Une série de désastres économiques ne manqua pas d'envenimer la situation, tout comme l'immigration anglophone croissante et l'augmentation des ventes faites par les propriétaires fonciers français aux fermiers de langue anglaise. Il s'agissait de déterminer qui aurait le contrôle de la colonie: la minorité de langue anglaise, appuyée par les Britanniques, ou la majorité française, représentée à l'Assemblée par le Parti patriote du seigneur Louis-Joseph Papineau. Papineau et ses partisans étaient persuadés que l'enjeu de la lutte n'était rien de moins que la survie du peuple français au Canada. Si les Français venaient à perdre, pensait-il, les Anglais inonderaient la colonie d'immigrés anglophones, saisiraient les terres cultivées et emploieraient l'argent des taxes françaises pour consolider le pouvoir politique et économique de la communauté anglaise. À l'automne de 1837, il menait ses partisans à la rébellion armée.

La Rébellion de 1837 fut un événement fondamental pour l'histoire du Canada. De plus en plus frustré par le refus des Britanniques de laisser la volonté du peuple prévaloir sur celle de l'élite anglophone, Papineau chercha à établir au Bas-Canada une république française indépendante, fondée sur des idéaux démocratiques semblables à ceux des États-Unis. Son objectif n'était pas si différent de celui que poursuivait le rebelle William Lyon Mackenzie, qui tenta sans succès vers la même époque de déclencher sa propre rébellion contre l'autorité britannique. Papineau avait l'appui d'une poignée de libéraux anglophones qui partageaient sa vision d'une démocratie de part et d'autre du fleuve Saint-Laurent. Les combats se multiplièrent dans les environs de Montréal en novembre et décembre 1837 jusqu'à ce que la révolte soit écrasée par l'armée britannique. Papineau s'enfuit aux États-Unis, et la Grande-Bretagne envoya Lord Durham au Canada pour qu'il y mène une enquête sur les causes des soulèvements.

Pour reprendre sa célèbre expression, il y trouva «deux nations en guerre au sein d'un même État», et entreprit de formuler des recommandations visant à remettre les choses en ordre. Durham était un libéral, un membre de la nouvelle classe d'entrepreneurs qui était parvenue à la richesse et à la notoriété pendant la Révolution industrielle en Grande-Bretagne. Il éprouvait donc peu de sympathie pour les Français conservateurs, catholiques et agriculteurs, et à l'instar des hommes d'affaires anglais du Bas-Canada, il les considérait comme un peuple arriéré, sans instruction, incapable de saisir le sens britannique de la liberté. En réalité, selon Durham, c'était précisément à cause de son arriération que l'*habitant** s'était laissé entraîner à la révolte par une élite mécontente. Si l'on avait accordé à Papineau et aux autres dirigeants une place au sein du gouvernement qui soit proportionnée à leur richesse, à leur talent et à leur condition, pensait Durham, la rébellion n'aurait jamais eu lieu. Par conséquent, la solution lui parut claire: pour rétablir l'ordre, il fallait que le Haut-Canada et le Bas-Canada aient une forme de gouvernement plus démocratique et que les deux colonies soient jointes, assurant aux colons anglophones des deux sections une majorité de sièges à la nouvelle assemblée coloniale combinée. De l'avis de Durham, il fallait soit laisser les Français entièrement à eux-mêmes, soit les libéraliser et les assimiler. La rébellion avait fait la preuve qu'ils n'avaient pas été laissés à eux-mêmes, qu'ils ne pouvaient pas l'être. Il ne restait que l'option de les assimiler à une société libérale et homogène. C'est pour cette raison que Durham a suscité tant d'ambivalence chez les historiens canadiens. Dans l'ensemble ils ont applaudi sa tentative de démocratisation et de libéralisation de la société coloniale de l'Amérique du Nord britannique, mais en même temps ils ont condamné son apparente intolérance envers la diversité culturelle française. Selon

Durham, l'assimilation était le seul moyen d'obtenir à la fois la prospérité et l'harmonie politique. Il n'est pas tout à fait sûr qu'il ait eu tort; il est certain que l'assimilation s'est avérée impossible.

Les réformes démocratiques recommandées par Durham ne furent appliquées qu'après 1846, mais l'unification des colonies se fit presque immédiatement. Par l'Acte d'union de 1841, les Britanniques joignaient le Haut-Canada et le Bas-Canada pour créer le Canada uni ou la Province du Canada. L'assimilation, nous le savons, fut une autre affaire. Les Français étaient tout simplement trop nombreux, et à mesure que le Gouvernement se démocratisait dans les années 1840, leur vote et leur appui devenaient indispensables à la survie de n'importe quel ministère. La longue marche du compromis politique avait commencé.

Au cours des trois décennies qui s'écoulèrent entre la Rébellion de 1837 et la Confédération de 1867, les Canadiens français devinrent l'élément le plus important du système politique canadien. Papineau avait cru que la survie des Canadiens français ne pouvait être assurée que par l'indépendance. Après un bref exil aux États-Unis, il revint au Canada en 1844 pour continuer à prêcher son message séparatiste et républicain. Il rassembla autour de lui un groupe de jeunes partisans libéraux qui allaient former le noyau d'un nouveau parti radical et anticlérical, le Parti rouge.

Mais Papineau avait maintenant un rival, ou plutôt plusieurs rivaux, qui prêchaient un tout autre message. Le plus important d'entre eux était Louis-Hippolyte Lafontaine, un ancien disciple de Papineau qui s'était cependant opposé aux soulèvements de 1837. À la différence de Papineau, Lafontaine était persuadé que le pouvoir politique au sein du gouvernement de la colonie était la clé de la survie des Canadiens français. Si les Français usaient judicieusement de leur droit de vote, pensait-il, et si les dirigeants politiques français se montraient avisés dans le choix de leurs alliés, les Canadiens fran-çais deviendraient indispensables à n'importe quel gouvernement, d'autant plus que les colons anglophones étaient divisés par la religion, l'origine ethnique et nationale, la profession, etc. Il s'allia donc aux réformateurs anglophones, dont Robert Baldwin, qui luttaient pour l'établissement d'un gouvernement véritablement démocratique au sein de la colonie.

D'une certaine façon Lafontaine et Papineau représentaient les deux pôles de la pensée politique canadienne-française. Lafontaine croyait que la séparation conduirait au désastre dans la mesure où les Canadiens français n'étaient qu'une petite minorité en Amérique, et Papineau, que la séparation était l'unique moyen de survivre. Lafontaine était convaincu que la survie des Canadiens français serait assurée à la fois par les alliés anglophones du Canada français et par un usage astucieux du système parlementaire britannique, et Papineau, que les Canadiens français seraient submergés s'ils restaient dans l'orbite des Britanniques. Ils se ressemblaient dans la mesure où ils étaient tous deux des nationalistes fervents, persuadés que le Canada français avait le droit de protéger son identité collective et le devoir de rassembler ses ressources de façon à assurer sa survie.

Cette dichotomie — entre les nationalistes pensant comme Papineau et ceux qui adoptent les vues de Lafontaine — a marqué depuis lors toute la vie politique et intellectuelle du Canada français.

La coalition amorcée par Baldwin et Lafontaine entre les Français et les réformistes anglophones fut à la tête du Canada à la fin des années 1840 et au début des années 1850, mais la tension monta quand la population anglophone de l'Ouest surpassa en nombre la population essentiellement francophone de l'Est. Menés par les réformistes radicaux anticatholiques, les colons anglophones réclamèrent le «rep by pop» — une représentation qui soit proportionnelle à la population. Cela aurait donné aux régions anglophones plus de sièges à l'Assemblée. Les Français se sentirent à nouveau menacés. On aboutit à une impasse au sein du gouvernement de la colonie. Il y avait quatre partis à l'Assemblée, et aucun d'eux ne pouvait obtenir la majorité aux élections. En 1864, le chef des radicaux anglophones, George Brown, de Toronto, proposa une solution audacieuse pour résoudre à la fois l'impasse et tous les autres problèmes menaçant alors les colonies britanniques d'Amérique du Nord: il chercha à former une coalition de partis qui travaillerait à établir une union fédérale. Son rival conservateur, John A. Macdonald, et le chef des conservateurs canadiens-français, George-Étienne Cartier, acceptèrent tous deux sa proposition. La Confédération de 1867 fut le fruit de cette coalition.

Les Canadiens ont vu la Confédération comme la grande réunion des colonies britanniques de l'Amérique du Nord. Dans un certain sens, elle l'était certainement. Le 1er juillet 1867, la Nouvelle-Écosse, le Nouveau-Brunswick et la colonie du Canada furent regroupés pour former le Dominion du Canada comprenant un gouvernement fédéral et quatre provinces — la Nouvelle-Écosse, le Nouveau-Brunswick, le Québec et l'Ontario. Le Manitoba s'y joignit (après la Rébellion de la rivière Rouge, menée par Louis Riel) en 1870, la Colombie-Britannique en 1871, et l'Île-du-Prince-Édouard en 1873. Mais la Confédération était un divorce aussi bien qu'un mariage. La colonie du Canada fut divisée en deux parties — l'Ontario principalement anglophone et le Québec principalement francophone — de sorte que chaque groupe puisse poursuivre sa propre destinée au sein du Dominion. Il y eut de l'opposition à la Confédération à l'intérieur du Québec (comme il y en eut dans les Maritimes et dans la région de la rivière Rouge), mais Cartier contribua grandement à la neutraliser en affirmant que le gouvernement provincial du Québec aurait tous les pouvoirs nécessaires — sur l'éducation, la langue, le droit civil — pour garantir la survie des Canadiens français. Le Québec allait donc devenir le gouvernement national des Canadiens français. À cet égard, la Confédération représentait une tentative de conciliation des approches de Papineau et de Lafontaine.

Bien que le Québec ait été manifestement destiné à devenir l'État chargé de veiller à la préservation du caractère distinct des Français, la Confédération n'était pas l'union de «deux peuples fondateurs» ni la réunion de deux «États». Le Canada de 1867 était un lieu de grande diversité. Les Irlandais protestants et catholiques étaient des ennemis jurés en matière de religion et de politique et se battaient régulière-ment à coups de poing dans les rues de la plupart des grandes villes. À Montréal et à Kingston, entre autres, les hommes d'affaires conservateurs d'origine écossaise luttaient pour le pouvoir politique contre les fermiers radicaux, libéraux, francs-maçons d'origine écossaise de l'ouest de l'Ontario. Les gens des Maritimes éprouvaient de la crainte et de la méfiance à l'égard des Canadiens «d'en haut». Tel était le Canada de l'époque. Il est absolument impossible de parler d'unité au sein du Canada anglophone. Il y avait une langue plus ou moins commune, une crainte (ou une envie) des Américains plus ou moins commune, mais c'est tout ce qui réunissait les soi-disant Canadiens anglais.

Par conséquent, la Confédération n'était en aucune façon une «réunion» des Français et des Anglais, pas plus qu'elle n'était une création des colonies britanniques qui l'avaient précédée. Un grand nombre, sinon la majorité, des habitants de ces colonies s'étaient montrés soit hostiles, soit indifférents à l'égard de la Confédération. Les politiciens coloniaux qui croyaient que la Confédération allait résoudre leurs problèmes avaient dû les cajoler, les menacer, les soudoyer ou les duper pour obtenir leur assentiment. Les Britanniques de leur côté avaient exercé une pression énorme, tantôt à peine déguisée, tantôt plus manifeste, afin que le message de Londres soit bien compris: Londres quittait l'Amérique du Nord pour ses propres raisons et les Anglais d'Amérique devaient apprendre à cohabiter s'ils ne voulaient pas que les Américains les envahissent. Même si les colonies avaient carrément favorisé la Confédération, elles n'auraient pas pu l'accomplir; en tant que colonies elles n'avaient ni le pouvoir légal ni le pouvoir constitutionnel pour s'unir d'elles-mêmes. Pour avoir force de loi, l'acte d'unification devait être britannique, légiféré par le Parlement britannique et proclamé par la reine Victoria.

Les partisans francophones et anglophones de la Confédération avaient voulu créer le Canada pour des raisons bien distinctes; le Canada était un mariage de convenance, une entente pratique entre deux partenaires très différents, et non un mariage d'amour. Il est vrai que les deux sociétés étaient fondamentalement conservatrices, mais le conservatisme, à la différence du libéralisme, représente davantage une réaction aux événements qu'un plan d'action. Les fondements historiques du conservatisme des deux sociétés canadiennes étaient bien différents de nature, soit l'abandon de sa colonie par la France et l'exil des loyalistes du côté des anglophones. Sous d'autres aspects, elles avaient peu en commun et n'arrivaient pas à s'entendre sur un ensemble unifié de principes qui puisse constituer le fondement d'une nation unie. Un bon exemple de cette mésentente concerne le rôle que devait jouer la religion dans la vie quotidienne — une question de grande importance au XIXᵉ siècle. Au Québec, l'Église catholique subvenait aux besoins de la population, qu'ils soient d'ordre spirituel ou temporel. L'Église prenait une part active à la vie politique. Dans les paroisses rurales elle jouait dans les affaires civiles un rôle qui en Ontario revenait aux municipalités. Elle était presque entièrement responsable de l'éducation. On peut dire qu'elle était à tous égards une religion d'État officielle.

Rien de semblable n'existait en Ontario, où la multiplicité des cultes protestants avait convaincu la plupart des dirigeants politiques (et religieux), dès les années 1830, que l'État ferait mieux de n'en favoriser aucun. Par conséquent, l'Ontario était beaucoup plus proche de la séparation de l'Église et de l'État, qui était un élément clé de la Constitution des États-Unis, que de la relation entretenue par l'Église et l'État dans la province voisine. Avec des approches aussi différentes à propos d'une question aussi fondamentale que le rôle de l'Église dans l'État, comment ces deux groupes linguistiques auraient-ils pu s'entendre sur le concept de nation? Ils n'y sont tout simplement pas arrivés. C'est pourquoi, à partir de 1867, quand les «Canadiens» s'embarquaient dans une entreprise de grande envergure, c'était à l'initiative soit de l'un, soit de l'autre groupe linguistique, et rarement le résultat d'une concertation. Ce qui importait aux Canadiens anglophones — coloniser l'Ouest, industrialiser le pays, jouer un rôle appréciable dans les deux guerres mondiales — n'était pas important pour les Québécois francophones.

Cet écart entre les aspirations des Canadiens francophones et celles des anglophones se manifesta tôt après la Confédération. Le Canada anglais s'intéressa rapidement à l'expansion transcontinentale, à la colonisation de l'Ouest, au développement industriel, à la cons-truction d'un chemin de fer jusqu'au Pacifique — à la création d'institutions visant à développer un caractère national commun. La participation active des Français n'était pas requise pour la réalisation de plusieurs de ces objectifs; elle n'était pas désirée non plus. Le succès du Canada anglophone en surprit plus d'un. Au tournant du siècle, les peuples aborigènes de l'Ouest avaient été écartés. Des millions d'immigrés colonisaient l'Ouest et défrichaient la prairie, où ils avaient été amenés par le train transcontinental du CP. En Ontario, au Québec, et même dans les Maritimes, d'immenses usines fabriquaient un assortiment imposant de produits manufacturés, protégés de la concurrence étrangère par des tarifs douaniers élevés.

Pendant que les fermiers, les travailleurs et les entrepreneurs de l'Ontario, les industriels (surtout anglophones) du Québec et les banquiers, pêcheurs et bûcherons des Maritimes tentaient de construire un État industriel moderne, la plupart des Québécois étaient engagés dans une autre voie. Leurs dirigeants intellectuels, politiques et religieux croyaient que la survie du Québec en tant que société distincte ne pouvait être assurée que par le maintien et la protection de son insularité. Ils étaient persuadés qu'en imitant le reste de l'Amérique du Nord dans sa quête de prospérité matérielle à travers l'entreprise, les profits et l'avancement technologique, le Québec aurait perdu son cœur catholique et son âme rurale et conservatrice. Ils ne firent pas grand effort pour jouer un rôle dans l'expansion vers l'ouest. En fait, ils dissuadèrent les Québécois français de se joindre à la migration vers l'ouest, en leur affirmant qu'une telle perte de contact avec la grande communauté francophone risquerait de leur faire perdre leur identité française et catholique. Mais, comme le Québec n'avait ni assez de terres ni assez d'emplois pour suffire à sa population, des centaines de milliers d'hommes et de femmes canadiens-français qui avaient plus besoin de pain que de secours religieux émigrèrent quand même. Ils s'en furent dans les villes de Nouvelle-Angleterre pour travailler dans les usines, s'établir, et en fin de compte perdre leur identité française à tout jamais dans le *melting pot* américain.

La présence de deux groupes linguistiques, l'un français, l'autre anglais, compromit toute possibilité pour le Canada d'évoluer en une nation à partir d'un assemblage de colonies disparates dispersées à travers le continent. Le défunt Frank Underhill, l'un des historiens les plus perspicaces que le Canada ait jamais eu, tenta de déterminer, à l'occasion d'une série de conférences en 1963, ce qui aurait constitué l'essence d'une nation canadienne. Il définit une «nation» comme «un corps social constitué de personnes ayant accompli ensemble de grandes œuvres dans le passé et qui espèrent accomplir ensemble de grandes œuvres dans l'avenir». Si l'on se fonde sur une telle définition, on peut dire que le Canada n'était pas et n'est toujours pas une nation. Les deux groupes déterminants de la vie canadienne n'ont jamais vécu à l'unisson. Le Canada n'est pas, dans les termes de Underhill, un corps social; nous n'avons jamais été un corps politique.

Certains Canadiens anglophones tentèrent de créer un sentiment d'identité nationale dès le début de la Confédération. Le mouvement *Canada First* (Le Canada d'abord) rassemblait un petit groupe d'intellectuels et de journalistes décidés à créer un nationalisme canadien. Ils s'inspirèrent du modèle de nationalisme européen qui avait cours à leur époque et firent grand cas de l'influence du rude climat sur le comportement des Canadiens. C'est à leur mouvement que nous devons le concept du Canada envisagé comme le «Nord vrai, fort et libre». Bien que la plupart d'entre eux aient été libéraux et donc résolument anticatholiques, ils tentèrent tout de même d'inclure le Canada français dans leurs définitions, en mettant l'accent sur les origines normandes communes aux Canadiens français et aux immigrants britanniques. Ils échouèrent lamentablement. Le nationalisme cousu main n'aurait jamais pu engendrer un caractère national puisque aucune définition de «Canadien» ne pouvait contenir à la fois les francophones et les anglophones. Ce qui les distinguait n'était pas qu'une simple question de langue, c'était aussi leur vision du monde, en raison d'expériences historiques, culturelles, religieuses et politiques dissemblables.

À partir de la Confédération jusqu'au milieu des années 1880, un semblant de paix s'installa dans les relations entre Français et Anglais du Canada. Il n'y eut pas de querelle importante à propos de la langue, de la religion, de l'éducation ou de la conduite générale du pays. À la suite du marché conclu entre les Métis de la rivière Rouge et John A. Macdonald à l'époque de la Rébellion de la rivière Rouge, survenue en 1869-1870, le Manitoba et les territoires du Nord-Ouest revêtirent un caractère bilingue temporaire, mais ce bilinguisme n'était rien de plus qu'un reflet du mélange des populations dans l'Ouest des années 1860 et 1870. À cette époque, au moins 50 % des habitants de l'Ouest étaient les descendants francophones et catholiques de mariages mixtes entre des femmes autochtones et des commerçants de fourrures. Mais peu de Québécois s'établirent dans cette région, si bien que rapidement les Français furent grandement surpassés en nombre par les colons anglophones, qui décidèrent en fin de compte d'imposer à l'Ouest leur propre vision d'une société unilingue et uniculturelle. Ceci contribua grandement à la détérioration des relations entre Français et Anglais, mettant fin à la trêve en faisant s'affronter pour la première fois les conceptions fondamentalement différentes qu'entretenaient à propos du Canada les Canadiens francophones et anglophones.

Un certain nombre d'événements intimement reliés, à commencer par la Rébellion du Nord-Ouest de 1885, mirent en évidence le conflit qui opposait les Français et les Anglais. En 1885, Louis Riel mena encore les Métis contre le gouvernement d'Ottawa. Cette fois, le soulèvement se concentra dans la vallée de la rivière Saskatchewan du Nord. La révolte fut écrasée; Riel fut pris, jugé pour trahison, trouvé coupable et condamné à la pendaison. Le Québec n'avait pas appuyé Riel — au cours des années suivant la Rébellion de 1869, celui-ci s'était tourné contre l'Église catholique —, mais après son procès de nombreux Québécois le prirent en pitié et demandèrent la clémence, en faisant valoir que la négligence du gouvernement fédéral avait créé les conditions qui avaient poussé Riel à se rebeller. Les Québécois s'identifiaient aux Métis vaincus, en tant que minorité elle aussi victime d'oppression (ou d'incompréhension simplement). On alla même jusqu'à penser que l'exécution de Riel était d'une certaine façon un coup porté aux droits des Français dans l'Ouest — une évidente absurdité. En Ontario, par contre, Riel était dépeint par la presse, les politiciens et les dirigeants religieux protestants comme un tueur messianique et sanguinaire qui ne méritait aucune pitié.

Macdonald était bien embarrassé. Il était personnellement convaincu de la culpabilité de Riel et de la justesse de la condamnation. Mais il n'ignorait pas que le sort de Riel, quel qu'il soit, aliénerait politiquement et blesserait l'une ou l'autre communauté. Il finit par prendre une décision: Riel serait pendu «même si tous les chiens au Québec aboyaient en sa faveur». Riel fut pendu, et les dirigeants du Québec ne manquèrent pas d'en tirer une leçon: il suffisait à la majorité anglophone de faire front commun pour que la minorité francophone soit automatiquement battue. Pour les Québécois, la pendaison de Riel devint le symbole du statut minoritaire du Québec et de la subordination de son rôle au sein de la Confédération.

L'exécution de Riel contribua certainement à faire élire Honoré Mercier comme Premier ministre du Québec en 1886. Mercier dirigea le premier gouvernement «nationaliste» du Québec; il avait l'intention d'augmenter le pouvoir provincial et d'orienter les Canadiens français principalement vers la ville de Québec. Il trouva son repoussoir dans la personne de Wilfrid Laurier, un ancien nationaliste proche des idées du Parti rouge, qui fut élu chef du Parti libéral fédéral en 1887. Laurier était à Mercier ce que Lafontaine avait été à Papineau. Laurier était convaincu que les intérêts français ne pouvaient être défendus en fin de compte qu'à Ottawa. Dans les années 1870, il avait pris un risque considérable pour sa carrière en s'opposant aux dirigeants cléricaux du Québec qui voulaient former une alliance entre les catholiques et les conservateurs. Une telle alliance, avait-il affirmé, aurait poussé les Canadiens protestants de langue anglaise à former leur propre alliance entre éléments religieux et politiques, ce qui aurait eu pour effet de condamner les Canadiens français à l'impuissance en donnant à leur groupe un statut minoritaire permanent au sein du Canada.

Laurier ne parvint au pouvoir qu'en 1896. Jusque-là, Mercier fut le dirigeant politique du Canada français. En 1887, il reçut à Québec les premiers ministres du Manitoba, de l'Ontario, de la Nouvelle-Écosse et du Nouveau-Brunswick. Cette première conférence interprovinciale avait été en réalité l'initiative du Premier ministre de l'Ontario, Oliver Mowat, qui avait besoin d'alliés dans ses propres luttes avec le gouvernement fédéral. Mowat et Macdonald étaient des rivaux acharnés, mais il y avait surtout le fait que Mowat voulait augmenter la capacité des provinces à déterminer l'évolution de leur propre développement urbain et industriel. C'est lui qui profita de cette conférence pour énoncer la «théorie du pacte fédératif» —, soit l'idée fantaisiste que le Canada avait été créé par des provinces souveraines se joignant à la Confédération. Entre les mains de Mowat, la théorie du pacte fédératif était simplement un instrument pour accroître le contrôle local sur le développement économique. Entre les mains de Mercier, elle devenait une justification légale de l'idée que le Québec était totalement souverain à l'intérieur de son propre domaine de juridiction — une souveraineté qui servirait à assurer la survie du Québec.

En 1888, le gouvernement de Mercier remit, en vertu de la Loi sur les biens des Jésuites, 400 000 dollars à l'ordre des Jésuites en compensation pour les propriétés confisquées en 1773. En Ontario, les extrémistes protestants furent indignés de voir le gouvernement d'une province canadienne utiliser les deniers publics pour soutenir un ordre religieux — preuve incontestable de la différence de perception des relations entre l'Église et l'État dans les deux provinces. Dans les faits, cependant, il n'y avait pas à cette époque — ni aujourd'hui — de séparation formelle, constitutionnelle, entre l'Église et l'État au Canada, et Mercier était dans son droit. Néanmoins, la trêve entre Français et Anglais, qui avait été rompue une première fois à l'occasion de la pendaison de Riel, venait d'être ébranlée à nouveau. L'année suivante, l'«Equal Rights Association» (Association pour l'égalité des droits) fit son apparition en Ontario et dans l'Ouest.

Bien que l'ERA ait été vertement condamnée dans les livres d'histoire en tant que pur instrument d'agitation anticatholique et antifrançaise, elle avançait tout de même une vision du Canada qui en soi était légitime. Son problème majeur venait de ce que ses théories n'auraient jamais pu être admises dans le Canada de cette époque. Dirigée par un ancien conservateur, D'Alton McCarthy, l'ERA était opposée à l'aide de l'État aux écoles séparées (c'est-à-dire catholiques, dans la plupart des cas) et à l'ingérence des catholiques dans la politique. Son slogan disait: «droits égaux pour tous, privilèges pour personne». Elle était très certainement fanatiquement anticatholique — et à cet égard peu différente d'organisations extrémistes protestantes telles les loges orangistes —, mais son désir de voir un pays où seuls les individus, et non les groupes, auraient des droits n'était pas inapproprié au sein d'une société démocrate libérale. S'il ne convenait pas au Canada de l'époque, c'était seulement parce que l'existence d'un groupe particulier, doté en tant que groupe de privilèges particuliers, rendait impossible l'introduction du concept «une personne, un vote».

L'ERA elle-même n'eut pratiquement aucun succès politique. Néanmoins, les pressions de McCarthy au Manitoba contribuèrent de façon importante à la décision du gouvernement du Manitoba de mettre fin en 1890 à la subvention accordée par l'État aux écoles catholiques, et à éliminer virtuellement l'usage du français dans les institutions provinciales. L'introduction de ces nouvelles politiques fut facilitée par le fait que les protestants étaient plus nombreux que les catholiques et que peu de Canadiens français avaient émigré vers l'Ouest. L'accommodement des Français et des Anglais au Canada était compromis encore une fois.

La question des écoles du Manitoba, comme l'appellent les historiens, fut la première occasion pour les protestants anglophones d'attaquer ouvertement le droit des catholiques — français ou autres — à recevoir des subventions de l'État pour leurs écoles. Dans le cas du Manitoba, ils obtinrent le résultat escompté: il n'y eut plus d'écoles catholiques subventionnées par l'État dans cette province. Presque simultanément, on abolissait l'usage de la langue française dans les tribunaux ainsi que dans les autres institutions gouvernementales. Ottawa aurait pu intervenir en vertu de l'Acte de l'Amérique du Nord britannique pour maintenir le financement des écoles catholiques, mais ni les conservateurs ni les libéraux n'étaient disposés à le faire, une telle action risquant de leur aliéner la majorité protestante du Manitoba et de l'Ontario. Laurier lui-même, qui était encore chef de l'opposition à cette époque, ne voulut pas se montrer trop sévère. Il voulait devenir Premier ministre, et ce n'est pas en offensant les électeurs anglophones de l'Ontario qu'il aurait pu y parvenir. Les droits des catholiques au Manitoba lui semblaient un prix peu élevé à payer.

La question des écoles du Manitoba domina la politique canadienne pendant la majeure partie de la décennie; celle des écoles du Nord-Ouest lui succéda en 1905. Il s'agissait de savoir si oui ou non les nouvelles provinces de la Saskatchewan et de l'Alberta auraient des écoles séparées. Laurier dit que oui; son ministre de l'Immigration et lieutenant non officiel dans l'Ouest, Clifford Sifton, dit que non, et démissionna sur-le-champ du cabinet.

À la différence de D'Alton McCarthy, Sifton n'était pas ouvertement raciste; mais, comme lui, il voulait un Canada uni où les immigrés seraient assimilés au milieu anglo-saxon le plus rapidement possible. Il était prêt à tolérer la présence des Français au Québec, mais dans l'Ouest il ferait tout son possible pour empêcher les Français — ou tout autre peuple non anglo-saxon — de maintenir leur caractère distinctif. Il croyait pour ainsi dire au *melting pot* de la culture britannique. En tant que ministre de l'Immigration (il était entré au cabinet fédéral en 1896), il avait fait de son mieux pour amener au Canada des immigrants d'Europe de l'Est, d'Europe centrale et du sud de l'Europe, mais en comptant sur le fait que tôt ou tard les différences dues à des origines distinctes finiraient par s'estomper. Il s'opposa donc aux écoles séparées, étant persuadé qu'un système unique d'écoles publiques — il les appelait écoles «nationales» — était essentiel au processus d'assimilation. Sifton était conséquent dans ses attitudes; avant son entrée en politique fédérale, il avait été un membre clé du gouvernement manitobain qui avait éliminé les écoles séparées dans sa province. Laurier finit par reconsidérer la teneur de ses propositions, si bien que lorsque les deux nouvelles provinces furent créées, elles avaient une forme d'instruction séparée.

La question des écoles du Manitoba et du Nord-Ouest était une conséquence directe de la participation fort limitée du Québec à la colonisation de l'Ouest. Riel avait réussi à obtenir des droits pour les Français du Manitoba en 1870, mais les francophones n'avaient pas afflué au Manitoba pour les exercer. Ils n'avaient nullement envie de laisser loin derrière eux leurs foyers et leurs églises. En dépit de leur taux de natalité élevé, ils préféraient demeurer en terrain familier plutôt que de se lancer en pionniers vers les épreuves inconnues de la colonisation des Prairies. En conséquence, les droits des Français (et des catholiques) dans l'Ouest ne tenaient qu'à un fil. Les pionniers anglophones considéraient le français comme une langue exotique parmi d'autres, telles l'ukrainien, l'allemand ou le finnois, et qui finirait par disparaître au gré de l'assimilation et de l'acculturation. Voilà une grande expérience canadienne — la colonisation de l'Ouest — qui ne fut pas partagée par les Québécois.

La pendaison de Riel, la controverse des biens des Jésuites et la question des écoles du Manitoba suscitèrent deux types de réactions au Québec. Un petit groupe prit exemple sur Jules-Paul Tardivel, un nationaliste xénophobe et antisémite qui voulait créer sur les rives du Saint-Laurent une république catholique conservatrice. On retrouvait dans ce projet la tradition de Papineau, quoique dans une version beaucoup plus étriquée. Un autre Québécois — Henri Bourassa — apporta une tout autre réponse à la crise qui opposait de façon croissante les Français et les Anglais. Il voulait que le Canada devienne une seule société biculturelle, et que les droits des Anglais et des Français soient garantis à travers le pays. Pour justifier son rêve, il faisait valoir que le pays avait été établi en premier lieu par «deux peuples fondateurs». Si les «Anglais» et les «Français» avaient créé le Canada, il s'ensuivait que le Canada devait préserver les droits collectifs des deux groupes à l'intérieur de toutes ses institutions nationales.

Associée à la théorie du pacte fédératif, la vision de Bourassa d'un pays constitué et fondé par deux peuples fournit la plupart des éléments qui fonderaient la croissance du nationalisme québécois au XXᵉ siècle et l'écart grandissant entre les francophones et les anglophones quant à leur façon de concevoir le Canada. Puisque le Canada était formé de provinces souveraines, pensaient certains Québécois, le Québec était en soi souverain dans les domaines de juridiction qui lui étaient réservés en vertu de l'Acte de l'Amérique du Nord britannique. Il était également la patrie nationale du peuple canadien-français.

Puisque ce peuple était un peuple fondateur, il avait des droits juridiques non seulement au Québec mais à travers tout le pays. De plus, ces droits avaient préséance sur n'importe quels droits accordés aux immigrants qui arrivaient à l'époque par centaines de milliers, se dirigeant pour la plupart vers l'Ouest du Canada. On exigerait l'assimilation de ces immigrants, mais non celle des Québécois. Les vues de Bourassa ne contrariaient pas que Sifton, mais également des générations de Canadiens de l'Ouest et la progéniture d'autres immigrés qui n'ont jamais compris pourquoi les Canadiens francophones pourraient ou devraient jouir d'un statut particulier à travers le Canada. En fait, Bourassa ressuscitait le concept de «double majorité» pour le Canada. Sur certaines questions, la volonté majoritaire de tous les Canadiens l'emporterait; sur d'autres questions, tels les droits linguistiques ou la place des institutions religieuses dans la société — en fait tout ce qui touchait à l'existence de la communauté francophone —, il serait nécessaire d'obtenir l'accord des deux peuples, les Français et les Anglais. En d'autres termes, la majorité de l'un devrait s'entendre avec la majorité de l'autre (d'où la «double majorité») pour que la décision soit légitime. Un tel système de gouvernement ne peut fonctionner qu'à condition d'avoir une entente claire et bien définie déterminant quelles décisions seront soumises à la règle majoritaire et quelles décisions nécessiteront une double majorité. Cela n'a jamais été le cas au Canada.

Bourassa et certains de ses partisans avaient un autre objectif, celui-là spécifique au Québec, qui contribua également à façonner l'avenir de la lutte du Québec pour obtenir un statut particulier. Bien qu'il ait été un fervent catholique, Bourassa se rendit compte que le Québec ne pouvait pas rester à l'écart de l'industrialisation et de l'urbanisation qui étaient en train de transformer l'Amérique du Nord et d'amener aux portes de sa province des capitalistes non-français disposés à y investir leur argent. Avec un petit groupe de partisans — des intellectuels et des journalistes —, il insista auprès du gouvernement du Québec pour qu'il fasse entrer la province dans le XXe siècle. Ils préconisaient la nationalisation des ressources naturelles, la propriété gouvernementale de l'infrastructure de base, incluant la production de l'énergie hydro-électrique, la stimulation de l'investissement au Québec par les Québécois francophones, et l'établissement d'instituts d'enseignement technique, professionnel et commercial. Ils croyaient que la clé de la survie n'était pas de résister à la modernisation, mais d'utiliser les pouvoirs dont le gouvernement provincial disposait pour donner à l'urbanisation et à l'industrialisation un caractère distinctif français et veiller à ce qu'elles profitent principalement à la communauté française en tant que communauté.

Bourassa et Laurier étaient des rivaux politiques. Bourassa avait construit une bonne part de sa carrière politique sur l'affirmation qu'on ne pouvait pas faire confiance à Laurier pour protéger les intérêts français; en fait, cependant, les deux hommes n'étaient pas si éloignés dans leur vision du Canada. La seule vraie différence était qu'en tant que chef d'un parti national, Laurier avait des comptes politiques à rendre hors du Québec tandis que Bourassa n'en avait pas. C'était Laurier, après tout, qui voulait voir des écoles séparées en Alberta et en Saskatchewan; mais, surtout, c'était Laurier qui se trouva à l'avant-garde de la lutte contre la conscription lors de la Première Guerre mondiale.

La lutte qui se déroula en 1917 pour ou contre la conscription ne portait pas que sur le service militaire, elle mettait aussi en jeu des visions différentes du Canada. D'un côté se trouvait le Premier ministre conservateur, Robert Laird Borden, appuyé par la majeure partie du Canada anglais; de l'autre, Laurier, champion du Québec. Les Québécois ne s'étaient jamais sentis très concernés par cette guerre. Ils la considéraient comme une aventure destinée à défendre l'Empire britannique, entreprise qui ne les avait jamais enthousiasmés, ni à l'époque de la Révolution américaine, ni lors de la Guerre de 1812. Ils étaient devenus encore moins disposés à défendre les intérêts britanniques après l'affaire Riel, la question des écoles et tous les autres événements au cours desquels ils avaient senti leurs droits menacés depuis le milieu des années 1880. Lorsque Borden décida que le Canada avait besoin de la conscription pour maintenir le niveau des effectifs de ses quatre divisions sur le front Ouest, Laurier mena le

Québec à une opposition farouche. La bataille fut livrée à l'occasion des élections fédérales de décembre 1917.

Les élections de 1917 donnèrent lieu à l'une des luttes électorales les plus âprement disputées de l'histoire canadienne. Borden était à la tête d'une coalition de tories et de libéraux anglophones qui avaient déserté Laurier en raison de son opposition à la conscription. Ils alléguèrent que Laurier aidait l'ennemi et que les Canadiens français ne valaient pas beaucoup mieux que des traîtres en étant si peu nombreux à s'enrôler volontairement. Le meilleur exemple de cette façon de penser pourrait être la vision qu'exprimait John Dafoe, par ailleurs éditeur libéral d'un journal de l'Ouest, dans une lettre adressée à une vieille connaissance canadienne-française: «Les Canadiens français ont refusé de jouer leur rôle dans cette guerre — faisant d'eux la seule race connue d'hommes blancs à abandonner [...] Ne vous félicitez pas de ce que les Canadiens anglais soient troublés par votre attitude d'innocence offensée ou vos menaces de représailles [...] Si nous démontrons, comme nous le ferons, qu'un Québec résolu est sans pouvoir, il pourrait y avoir un retour à la raison le long des rives du Saint-Laurent.»

Borden, Dafoe et leurs alliés l'emportèrent, ce qui n'était pas surprenant, et déclenchèrent du même coup un déluge de sentiments antifrançais. Au Québec, la victoire des partisans de la conscription fut assimilée à une victoire de l'oppression. Les Canadiens français provoquèrent des émeutes dans les rues. On fit venir les troupes. Des manifestants furent tués. De jeunes Canadiens français s'enfuirent pour échapper à la conscription. Le Parti tory commença son long exil politique au Québec. Dans les décennies qui allaient suivre, le nationalisme du style Papineau s'emparerait du Québec. Dafoe avait eu raison. Le Québec devenait impuissant dans les rares occasions où le Canada de langue anglaise s'unissait contre lui. Cette prise de conscience allait non seulement rester sur le cœur des Canadiens français, mais elle leur rappellerait leur statut minoritaire et les dangers qui y étaient associés.

Les Canadiens sont nombreux à considérer la participation du Canada à la Première Guerre mondiale comme un point tournant dans l'évolution de son identité en tant que nation. Ils voient les efforts accomplis par le Canada, sur le champ de bataille et au pays, comme une preuve que le Canada était devenu une nation. La bataille de Vimy, livrée en avril 1917, est depuis longtemps célébrée comme le moment même de cette émergence. Mais la guerre n'avait pas forgé de nation, puisqu'elle n'était pas une expérience nationale. Une des principales communautés — les Français du Québec — s'en était maintenue le plus possible à l'écart. Bien que certains Canadiens français se soient enrôlés volontairement — le célèbre Royal 22e Régiment se couvrit de gloire —, le niveau de participation était très faible en comparaison avec le reste du Canada. Les Québécois ne voulaient pas prendre part à la guerre et ne comprenaient pas l'importance que lui accordaient la plupart des Canadiens anglophones. Ces derniers de leur côté ne comprenaient pas les profonds griefs qui soustendaient le peu de disposition que montrait le Québec à devenir un partenaire enthousiaste dans cette entreprise nationale.

La bataille de la conscription de 1917 fut un point tournant dans l'histoire canadienne. La majorité anglophone avait décidé qu'elle voulait s'engager à fond dans la guerre, et elle attendait de la minorité francophone qu'elle respecte ce vœu et qu'elle accomplisse «son devoir» dans cette campagne. Le refus de se conformer fut perçu comme une perfidie et une trahison de la liberté que l'on avait accordée à la minorité française en tant que membre de l'Empire. La majorité anglophone était déterminée à prendre tous les moyens qu'il faudrait pour imposer ses désirs à la minorité française. Elle ne toléra aucun dissentiment. Elle eut le dessus, comme elle l'avait eu en 1885 et en 1890, prouvant encore une fois qu'elle n'était pas en sympathie avec la vision du Canada de Bourassa et Laurier et leur «double majorité».

Pour la minorité française, la conscription ne signifiait qu'une chose: chaque fois que la majorité anglaise déciderait qu'elle *devait* gagner, elle *gagnerait*. En d'autres termes, la minorité française avait cru (ou espéré) que l'issue de la bataille de la conscription aurait été déterminée par une forme de double majorité, mais cela n'avait pas été le cas. Ce fut une dure leçon, qui poussa les Québécois français à se replier davantage sur eux-mêmes. La vision de Bourassa subit une certaine transformation. Le raisonnement était le suivant. Premièrement, Ottawa était de toute évidence le gouvernement national du Canada anglophone; la conscription l'avait prouvé. Deuxièmement, c'était un axiome que le Canada avait été fondé par deux peuples. Troisièmement, c'était aussi un axiome que la ville de Québec était la capitale nationale du Canada français. Quatrièmement, il s'ensuivait que le Québec et Ottawa étaient les deux pôles d'une relation bipolaire, chacun régnant sur son propre domaine.

Entre les deux guerres, ces idées émergèrent au Québec sous deux formes: elles furent adoptées par un groupe d'intellectuels et de journalistes menés par un ecclésiastique historien, l'abbé Lionel Groulx, et furent défendues par le Premier ministre Maurice Duplessis, arrivé pour la première fois au pouvoir comme chef du gouvernement de l'Union nationale en 1936. Groulx et ses disciples proposaient une solution traditionnelle du style Papineau aux souffrances du Québec: l'indépendance pure et simple et l'établissement sur les rives du Saint-Laurent d'une république d'orientation ecclésiastique, que Groulx voulait nommer «Laurentie». Si cela s'avérait impossible à réaliser dans l'immédiat, il favorisait l'isolement du Québec au sein de l'Amérique du Nord. Il s'agissait à cette fin de défendre les valeurs anciennes du catholicisme, du conservatisme et du ruralisme; de tenir le Québec à l'écart des tendances à la modernisation qui gagnaient toute l'Amérique du Nord; de lutter contre la vague d'immigration et d'investissement de capitaux étrangers qui était déjà en train de transformer le Québec; et de fournir un cadre idéologique complet pour justifier le tout. Les années 20 furent l'époque par excellence des groupes d'action sociale d'orientation catholique, dont plusieurs avaient été fondés avant la guerre. Ces organisations parrainées par l'Église pourvoyaient aux besoins des fermiers, des travailleurs, des jeunes, des petits investisseurs et déposants, et ainsi de suite. Elles organisaient le boycottage d'entreprises possédées par des juifs et se chargeaient de publier quotidiennement des fulminations contre les «étrangers», non seulement dans la presse, mais aussi dans des journaux prétendument

intellectuels comme l'*Action française,* fondée par Groulx en 1920.
Toute cette activité contribua à renforcer le nationalisme insulaire
canadien-français et à entretenir les griefs et le ressentiment déjà bien
installés dans la province.

En tant que producteur important de produits de base, le
Québec fut durement ébranlé par la Grande Dépression. À travers le
pays, les Canadiens réclamèrent une réforme sociale et économique,
guidée par un gouvernement interventionniste, comme moyen de
remédier à leur malheur. Au Québec, cependant, on formula cette
demande en termes nationalistes. Ce n'était pas seulement que «le
capitalisme avait échoué», c'était aussi que «les Anglais exploiteurs
avaient permis que le Québec s'enfonce dans la ruine économique».
Les Français catholiques qui vivaient dans la misère des taudis de
Saint-Henri à Montréal, par exemple, n'avaient pas besoin d'une
connaissance approfondie du système économique pour se rendre
compte que l'élite anglophone qui vivait sur les flancs du Mont-
Royal n'avait pas l'air de trop souffrir. C'est ainsi que la lutte des
classes qui émergeait à travers l'Amérique du Nord se superposait
dans le cas du Québec à la lutte entre Français et Anglais. Aux yeux
de la population, le gouvernement du Québec s'était manifestement
rangé du côté de ces derniers.

Vers le milieu des années 30 donc, la politique québécoise était
mûre pour une transformation majeure. Les intellectuels et la petite
classe moyenne étaient toujours prêts à défendre le Québec catholique
conservateur contre le libéralisme capitaliste qui régnait ailleurs en
Amérique du Nord, tandis que les pauvres, la classe ouvrière et les
fermiers étaient déterminés à arracher aux oppresseurs anglophones le
contrôle de la province. Presque tous les groupes au Québec voyaient
l'intervention du gouvernement comme la solution à leurs problèmes.
Si le gouvernement du Québec, seul représentant de la collectivité
française, saisissait l'occasion de prendre l'initiative dans le domaine
économique, comme l'avaient préconisé Bourassa et ses partisans au
tournant du siècle, le Québec en tant que patrie de la communauté
française pourrait être sauvé. C'était le temps pour Maurice Duplessis
d'entrer en scène.

Duplessis fut élu en 1936 en tant que membre d'une alliance politique flexible qui réunissait des réformateurs nationalistes ayant rompu avec un gouvernement provincial libéral corrompu (connu de tous comme étant dans la poche des compagnies canadiennes-anglaises et américaines qui dominaient l'économie provinciale) et des conservateurs provinciaux. La coalition promulgua un ensemble de réformes menées par l'État, destinées à retirer au capital privé les rênes du pouvoir économique et à les mettre fermement dans les mains des Québécois francophones. Mais Duplessis était un opportuniste, non un réformateur. C'était le pouvoir qui l'intéressait, non le changement — et le pouvoir venait des capitaux anglais.

Peu après son élection, Duplessis se défit de ses partenaires de réforme et s'installa de fait comme l'empereur du Québec. À son peuple, il donna un drapeau — le fleurdelisé bleu et blanc. Avec les chefs de file du monde des affaires du Québec, il conclut un marché: les affaires continuaient et le Gouvernement se chargeait de mettre un frein à l'agitation syndicaliste et de persécuter les «communistes» qui osaient demander des changements; en échange de quoi ses intérêts, ceux de son gouvernement et de son parti seraient protégés. Aux intellectuels et aux dirigeants religieux imprégnés de la pensée de Groulx, il fournit une vision: la forteresse du Québec. Aux machinations interventionnistes d'Ottawa, son gouvernement provincial dirait «non» aussi souvent qu'il le faudrait pour que les Québécois seuls (ici il convenait d'être discret à propos des grandes sociétés alliées) déterminent l'avenir du Québec. C'était de cette façon que Duplessis comptait «défendre l'autonomie du Québec» et, bien que son approche ait été à bien des égards incohérente et même grotesque, elle renouvelait la tradition qui posait le gouvernement du Québec en défenseur primordial de la *survivance** du territoire canadien-français. Une fois de plus, l'esprit de Papineau régnait sur la ville de Québec.

Duplessis se serait probablement maintenu au pouvoir pendant vingt-trois années sans interruption jusqu'à sa mort en 1959, n'eût été sa seule véritable bévue politique: en octobre 1939, il déclencha une élection provinciale et jeta le gant au gouvernement fédéral, dirigé par le libéral William Lyon Mackenzie King. Il contesta à Ottawa le droit d'utiliser des pouvoirs d'exception en temps de guerre pour diriger l'effort de guerre national. Il fut battu à plate couture par le Parti libéral provincial: les ministres québécois du gouvernement King étaient intervenus directement dans les élections et avaient menacé de démissionner si jamais Duplessis était élu. Étant donné que King avait promis au Québec qu'il n'y aurait pas de conscription, on avait demandé aux Québécois de choisir qui, des ministres libéraux à Ottawa ou du gouvernement de l'Union nationale à Québec, était le plus apte à défendre leurs intérêts en temps de guerre. King l'avait emporté et, pour un temps, l'esprit de Lafontaine régnerait en maître sur la politique québécoise.

Tout cela prit fin en 1942. Au début de la guerre, King avait pu se permettre de déclarer qu'il n'y aurait pas de conscription, et d'éviter le déchirement national qu'il redoutait après l'expérience de 1917. À mesure que les Alliés accumulaient désastre sur désastre cependant, il lui devenait de plus en plus difficile de tenir sa promesse. Dès le début de 1942, les Japonais contrôlaient l'Asie du Sud-Est et presque tout le Pacifique, les nazis étaient loin à l'intérieur de l'URSS, et la France était depuis longtemps éliminée de la guerre. Le Canada anglophone voulait participer pleinement à la guerre et ne ménager ni les effectifs ni les ressources. Devant l'augmentation des pressions en faveur de la conscription, King fut forcé de céder du terrain. Son plan était de circonvenir ses adversaires par la tenue d'un plébiscite national demandant à la population de le délier de sa promesse à propos de la conscription. Le vote eut lieu en avril 1942. Menés par la Ligue pour la défense du Canada, un mouvement nationaliste canadien-français ayant dans ses rangs des gens comme Pierre Elliott Trudeau, 72,9 % des Québécois votèrent *non**. Mais, dans le Canada anglophone, le résultat fut presque exactement le contraire. King fut délié de sa promesse et, après avoir attendu le plus longtemps possible, il imposa la conscription en novembre 1944.

La crise de la conscription de 1942-1944 ne fut pas aussi préjudiciable à l'unité nationale que celle de 1917 l'avait été. Contrairement à Borden en 1917, King s'était vaillamment opposé à cette mesure et il fut manifestement excusé par la plupart des

Québécois. Ses principaux ministres francophones, dont Louis Saint-Laurent, un avocat réputé de la ville de Québec qui avait été recruté par King en décembre 1941 pour devenir son lieutenant du Québec, restèrent au gouvernement. Et aux élections fédérales de 1945, le Parti libéral du Canada obtint 54 sièges sur 65 au Québec. Mais la conscription permit le retour de Duplessis: en 1944 il fut ramené au pouvoir à Québec.

La participation du Canada à la Deuxième Guerre mondiale fut un autre exemple manifeste d'entreprise prétendument nationale qui n'avait en fait rien de national. Il y eut peut-être 100 000 Canadiens français à s'enrôler volontairement, soit une faible proportion de ceux qui étaient admissibles. Encore une fois, il n'y avait pas beaucoup de sympathie ou de compréhension à l'égard des questions mises en cause dans la guerre. Et bien qu'il n'y ait eu que peu de partisans d'Hitler au Québec, un nombre considérable de Québécois appuyaient le régime pro-nazi de Vichy qui avait été établi dans le sud de la France après la victoire des Allemands au printemps 1940. De nombreux intellectuels, ecclésiastiques et journalistes importants du Québec considéraient Vichy comme un heureux remplacement d'une république qu'ils disaient dominée par les juifs, les communistes et les socialistes. De fait, les principes adoptés par le gouvernement de Vichy — «Travail, Famille, Patrie», en opposition à ceux de la République française, «Liberté, Égalité, Fraternité» — n'étaient pas bien différents des objectifs poursuivis par des générations de dirigeants québécois. N'eût été le Québec, le Canada aurait certainement introduit la conscription tôt après le début de la guerre, et la guerre aurait été une expérience véritablement susceptible de forger une nation.

La guerre transforma le Canada et elle transforma le Québec. Le Canada en émergea comme une société plus industrialisée, plus urbanisée, plus avancée technologiquement qu'en 1939. Après la guerre, des centaines de milliers d'anciens combattants s'inscrivirent dans les universités, les collèges et les instituts d'enseignement technique et professionnel grâce aux programmes fédéraux pour les anciens combattants et, en augmentant leur niveau d'instruction, purent obtenir de meilleurs salaires et de meilleurs traitements. Une classe moyenne importante émergea pour la première fois, destinée à jouer un rôle majeur dans la politique canadienne. Le mouvement ouvrier obtint le droit à la convention collective et devint une force permanente et puissante au sein de la vie politique et économique. Au cours des trois années qui suivirent la guerre, le Gouvernement prit la décision capitale d'ouvrir délibérément les portes du Canada à des centaines de milliers de réfugiés de guerre européens, dans un effort pour augmenter la population du pays. À la même époque, le gouvernement King instaura l'État-providence en usant des pouvoirs économiques et fiscaux considérables dont il disposait en vertu de la Constitution. Pour la première fois, le Gouvernement tenta non seulement de régulariser le cours de la vie économique, mais il mit aussi en place les allocations familiales, les indemnités pour les anciens combattants, le contrôle gouvernemental des taux d'intérêt hypothécaire, les subventions pour les produits agricoles, et ainsi de suite. Comme nous l'avons fait remarquer plus tôt, deux raisons principales motivaient cette augmentation de l'interventionnisme gouvernemental: premièrement, les Canadiens et leurs dirigeants craignaient que la Grande Dépression ne ressurgisse après la guerre et ils exigèrent du Gouvernement qu'il agisse pour ne pas que cela se produise; et deuxièmement, les Canadiens en vinrent à penser que le Gouvernement devrait faire en temps de paix ce qu'il avait fait si efficacement en temps de guerre, c'est-à-dire diriger la vie du pays de façon beaucoup plus active dans les intérêts de ce qu'ils considéraient comme le bien commun. À Ottawa, comme nous l'avons vu au chapitre 1, un groupe de bureaucrates parvenus à des postes d'influence étaient persuadés que le gouvernement fédéral avait un rôle légitime à jouer dans la réglementation du capitalisme, de façon à assurer le plein-emploi et une répartition des richesses plus équitable qu'elle ne l'avait été.

Pour atteindre des objectifs encore plus imposants — comme la mise en place d'un programme national d'assurance-maladie —, Ottawa avait besoin de la coopération des provinces, soit pour modifier la Constitution, soit pour conclure des accords fiscaux d'après la

Constitution existante, qui permettraient au Gouvernement d'offrir plus de services mais aussi d'augmenter ses revenus fiscaux. Ottawa présenta ses propositions initiales aux provinces au cours d'une conférence fédérale-provinciale marathon qui commença en août 1945 et dura (avec des interruptions) près d'un an. L'Ontario, sous la direction du Premier ministre tory George Drew, était fortement opposé à une telle action; Duplessis l'était à peine moins. L'ancienne alliance Ontario-Québec, formée une première fois à l'époque d'Oliver Mowat et d'Honoré Mercier, ressurgit. Le gouvernement fédéral fut aussitôt paralysé; la conférence prit fin en avril 1946 sans que rien n'ait été accompli. Le régime d'assurance-maladie, entre autres, était dans une impasse, tandis que Drew et Duplessis demeuraient les seigneurs de leurs domaines.

L'échec de la conférence fédérale-provinciale de 1945-1946 contribua à la décision de King de prendre sa retraite deux ans plus tard. L'homme qui avait dirigé le Canada (avec deux interrègnes tories, dont un de seulement trois mois) depuis la fin de 1921 était vieux, fatigué, et de moins en moins maître des événements. En août 1948, Louis Saint-Laurent lui succéda à la tête du Parti libéral fédéral. Saint-Laurent appartenait de bien des façons à la tradition de Laurier. Il était parfaitement bilingue, ayant grandi en s'adressant à son père en français et à sa mère en anglais. (Plus tard, il raconta à quel point il avait été surpris le jour où il avait pu parler en français avec la mère d'un de ses amis!) En même temps, il était conservateur dans le domaine de la fiscalité, et il croyait fermement que le Québec devait jouer un rôle actif dans la politique fédérale à travers le Parti libéral; il était un démocrate libéral qui abhorrait les manières autoritaires de Duplessis. «L'oncle Louis» était également très populaire à la fois au Québec et dans le Canada anglophone, et il mena son Parti à des victoires écrasantes lors des élections fédérales de 1949 et de 1953. Encore une fois, les Québécois ne pouvaient demander mieux: un Papineau à Québec et un Lafontaine à Ottawa.

L'Ontario de Drew et le Québec de Duplessis semblaient agir de concert vers la fin des années 40, mais les motivations des deux hommes différaient considérablement. Drew voulait augmenter le pouvoir de l'Ontario au sein de la Confédération dans la mesure où il s'agissait d'une ambition politique traditionnelle, mais aussi parce qu'il croyait que l'Ontario, étant «plus près» de ses gens, pouvait mieux pourvoir à leurs besoins. Cela valait pour Duplessis également, mais il fallait considérer dans son cas un troisième facteur qui avait toujours motivé les dirigeants du Québec. Si le pouvoir du gouvernement fédéral venait à augmenter, cela diminuerait nécessairement l'autorité du seul vrai gouvernement des Canadiens français, celui qu'ils contrôlaient, et le seul (disait Duplessis) à exister uniquement pour protéger leurs intérêts et pour travailler avant tout à leur survivance. On ne devait jamais permettre que cela se produise. Ainsi, pour le Québec, le pouvoir ne pouvait que s'écouler d'Ottawa, il ne devait jamais y refluer. Ce qui était ironique cependant, c'est que Duplessis n'avait nullement l'intention d'utiliser les pouvoirs considérables que possédait déjà son gouvernement en vertu de la Constitution, sans parler de nouveaux pouvoirs qu'il arracherait à Ottawa.

Duplessis réagit aux changements de son époque en s'opposant à l'État-providence, en essayant de bloquer les initiatives fédérales, en refusant de participer aux programmes à frais partagés proposés par le gouvernement fédéral, et en rejetant les fonds fédéraux alloués pour les universités, les hôpitaux et les institutions de bien-être social. Les programmes sociaux et ceux de l'éducation demeurèrent tels qu'ils étaient depuis le tournant du siècle. Pendant que le reste de l'Amérique du Nord entrait à grands pas dans la deuxième moitié du XXᵉ siècle, le Québec de Duplessis, en surface, demeurait une société conservatrice, pieuse, infestée de prêtres, ouverte (aux conditions de Duplessis) au capital étranger, mais hermétique à la justice sociale.

Sous la surface, c'était une autre histoire. Le Québec changeait, et Duplessis ne réussit pas plus à retenir les transformations que le roi Canut ne put retenir la marée montante. Le Québec lui aussi s'industrialisa et s'urbanisa davantage. Des dizaines de milliers de ses anciens combattants étudièrent eux aussi dans les universités, les collèges et les instituts d'enseignement professionnel grâce aux programmes de formation des anciens combattants. Une classe moyenne s'y développa aussi, et la société devint plus stable, plus riche et plus nord-américaine que jamais. Et, bien que les intellectuels, les journalistes, les artistes et la poignée de chefs de file du monde des affaires natifs du Québec aient certainement été nationalistes, ils ne partageaient absolument pas la vision du monde étriquée, conservatrice et autoritaire de Duplessis. Ils poursuivaient deux buts reliés: la transformation du Québec en une société démocratique libérale moderne et développée, libre de la domination sociale et politique de l'Église catholique, et le maintien de la culture et de l'identité françaises du Québec.

Un autre objectif allait également déterminer leur orientation future. La nouvelle classe moyenne ainsi que les Québécois qui parvenaient à des postes de commande se sentaient frustrés par un système qui leur donnait l'instruction et les qualifications requises pour se rendre jusqu'aux échelons supérieurs, mais qui les empêchait d'être promus au-dessus d'un niveau moyen parce qu'ils étaient francophones. Dans la seule province où ils étaient majoritaires, ce n'étaient pas eux mais les anglophones qui commandaient les leviers du pouvoir économique, qui avaient les meilleurs salaires, qui occupaient les bureaux de luxe de la direction. Tout cela devait changer.

Au début des années 50, il était évident pour n'importe quel observateur un tant soit peu attentif que tout ne tournait pas rond dans ce Dominion du Canada qui, selon le mythe populaire, avait réuni en une seule société deux peuples disparates. Les Québécois étaient manifestement persuadés que leur gouvernement était plus qu'un simple gouvernement provincial — il était le gardien de la nation québécoise. Cela n'augurerait rien de bon pour l'avenir du fédéralisme canadien, dès le moment où Duplessis serait remplacé par un homme déterminé à user des pouvoirs du gouvernement du Québec pour assurer la survie des Français de la façon qu'avait d'abord envisagée Bourassa. De surcroît, le Québec n'était pas plus intégré au tissu national en 1957 qu'il ne l'avait été en 1867, en dépit de neuf décennies d'expérience partagée. De certains points de vue, il faisait encore moins partie du Canada. La résolution du désastre économique des années 30 et la participation à une guerre victorieuse, qui auraient dû être de grandes expériences nationales, avaient en fait repoussé le Québec encore plus loin dans son isolement.

Aussi longtemps que Duplessis fut au pouvoir, il put être ignoré par le Canada anglophone et les politiciens fédéraux, qui le considéraient comme un quasi-dictateur assoiffé de pouvoir, entretenant sa mégalomanie et n'engageant que lui-même et sa petite clique corrompue. On pouvait feindre d'ignorer que le Canada était profondément divisé. Il était facile de croire que le pays n'avait aucun problème sérieux. Mais tout cela allait changer au cours de la nuit du 22 juin 1960. À partir de cette date, le Canada ne serait jamais plus le pays sensé qu'il avait semblé être.

3

LES SOURCES
DU LAC MEECH

Très tôt dans la matinée du 3 juin 1987, le Premier ministre Brian
Mulroney et les premiers ministres des dix provinces émergèrent du
saint des saints de l'édifice Langevin, situé sur le côté sud de la rue
Wellington, en face de la Colline parlementaire, pour annoncer qu'ils
étaient parvenus à une entente sur le texte final de l'Accord du lac
Meech. Les onze hommes s'étaient terrés près de vingt heures pour
mettre la touche finale à un ensemble de propositions constitutionnelles destiné, selon les termes de Mulroney, à «faire entrer le
Québec dans la famille». Les premières clauses de l'Accord du lac
Meech avaient été péniblement élaborées à la fin du mois d'avril, au
cours d'un autre marathon de négociations qui s'était tenu dans la
retraite du gouvernement fédéral au bord du lac Meech, au nord
d'Ottawa. Cet Accord devait garantir l'assentiment formel du Québec
à l'Acte constitutionnel de 1982.

L'Accord du lac Meech proposait des changements radicaux à la
nature du Canada. Entre autres choses, il aurait abaissé le gouvernement national au statut de premier parmi ses pairs, affaiblissant sa
capacité à remplir sa mission historique et nécessaire qui consiste à
établir le programme national du Canada, et il aurait réduit à néant
tout effort futur de réformer le Sénat. Mais les changements les plus
radicaux auraient résulté de cette clause :

2. (1) Toute interprétation de la Constitution du Canada
doit concorder avec:
a) la reconnaissance de ce que l'existence de Canadiens
d'expression française, concentrés au Québec mais

présents aussi dans le reste du pays, et de Canadiens
d'expression anglaise, concentrés dans le reste du pays
mais aussi présents au Québec, constitue une
caractéristique fondamentale du Canada;

b) la reconnaissance de ce que le Québec forme au sein
du Canada une société distincte.

(2) Le Parlement du Canada et les législatures des
provinces ont le rôle de protéger la caractéristique
fondamentale du Canada visée à l'alinéa (1) a).

(3) La législature et le gouvernement du Québec ont le
rôle de protéger et de promouvoir le caractère distinct du
Québec visé à l'alinéa (1) b).

Cette clause, qui dotait le gouvernement du Québec de
responsabilités spéciales sur les plans légal et constitutionnel, était
sans précédent dans l'histoire du Canada. Elle aurait donné au Québec
seul le pouvoir de «promouvoir et préserver» son caractère distinct,
une franche victoire d'outre-tombe pour Papineau. Elle aurait pavé la
voie à un accroissement considérable des pouvoirs du gouvernement
du Québec, lui permettant d'agir et de légiférer dans des domaines
hors de portée des corps législatifs des autres provinces. En bref, elle
aurait créé deux classes de Canadiens — ceux qui vivent au Québec et
ceux qui vivent en dehors du Québec. Quelles que fussent ses
implications pour le fédéralisme canadien, elle minait complètement
un des piliers fondamentaux de la démocratie libérale: l'égalité de tous
les citoyens devant la loi.

L'Accord du lac Meech aurait été l'avant-dernier coup porté au
Canada en tant que nation. Accorder un statut particulier au Québec
n'était déjà pas une bonne chose; mais cette concession n'aurait pas
suffi aux chefs nationalistes ambitieux de cette province. Les partici-
pants au débat du lac Meech s'entendaient au moins sur un point: les
exigences du Québec au lac Meech représentaient un minimum, le
plus petit résultat que le Québec était disposé à accepter. Selon la
dynamique des événements, tels qu'ils se sont succédé depuis 1960,
cela aurait sans aucun doute abouti à une période au cours de laquelle
le Québec aurait testé ses nouveaux pouvoirs et, quand il aurait

inévitablement conclu à leur insuffisance, il aurait exigé davantage. L'entente sur le lac Meech reposant essentiellement sur le fait que le Premier ministre Mulroney avait réussi à soudoyer les chefs des neuf autres provinces en leur donnant des pouvoirs et un statut presque égaux à ceux accordés au Québec, chaque pas que le Québec aurait fait vers la séparation aurait été imité par les autres provinces, quoique sans doute à un degré moindre. Que le Québec ait fini par se séparer ou non, le Canada aurait perdu son âme. Avec un gouvernement national dépouillé de pouvoir, des chefs provinciaux instaurés en petits potentats et sa volonté ou son pouvoir de choisir des lignes de conduite nationales sérieusement réduits, sinon détruits, le Canada aurait peut-être continué d'exister sur la carte; mais il n'aurait été rien de plus qu'un nom, un prétexte pour conserver un drapeau et un hymne national (en fait, deux hymnes très différents sur la même mélodie) et pour donner ses couleurs à une équipe de hockey.

En signant l'Accord du lac Meech, les onze premiers ministres du Canada acceptaient, tout à la fois: (1) le fantasme de Mowat et de Mercier voulant que le Canada ait été créé par les provinces; (2) la fiction d'Henri Bourassa voulant que le Canada soit une alliance de deux groupes linguistiques fondateurs; (3) le corollaire de Maurice Duplessis voulant qu'Ottawa et Québec soient sur un pied d'égalité, chacun gouvernant l'un des groupes linguistiques majeurs du Canada; et (4) l'exigence formulée par les premiers ministres québécois Jean Lesage (1960-1966) et Daniel Johnson (1966-1968) que le Québec eût (ou eût dû avoir) un statut légal et constitutionnel particulier au sein de la Confédération. Ces chefs rejetaient, d'un même élan, les vues défendues par tous les premiers ministres du Canada de Macdonald à Trudeau soutenant que le Québec, bien qu'il fût clairement et manifestement distinct du fait que la majorité de sa population est française, ne devait ni ne pouvait avoir un statut légal et constitutionnel particulier au sein de la Confédération. Comment les rêves grandioses de plusieurs générations de penseurs politiques québécois en arrivèrent-ils à être acceptés par les hommes (c'étaient tous des hommes) qui se trouvaient au cœur même du pouvoir politique au Canada? Comment la vision déformée du Canada représentée par l'Accord du lac Meech devint-elle, au printemps 1987, la croyance reconnue du courant dominant de la politique canadienne? C'est toute notre histoire.

Le soir du 22 juin 1960, les suffrages portèrent le Parti libéral québécois, sous la direction de l'ancien ministre fédéral Jean Lesage, à la tête du gouvernement du Québec. La victoire n'était pas écrasante: le parti de Lesage emportait 53 sièges contre 43 à l'Union nationale. La mort de Duplessis en 1959 avait entraîné, dans les rangs de l'Union nationale, une brève et frénétique période d'auto-examen et de changement qui aida sa cause lors de l'élection, mais c'était trop peu et trop tard. Les libéraux de Lesage — une coalition de libéraux provinciaux à l'ancienne dont la traversée du désert avait commencé après la Deuxième Guerre mondiale et de jeunes et vigoureux réformateurs nationalistes — se virent confier la tâche de faire entrer les institutions gouvernementales, sociales et économiques du Québec dans le XXᵉ siècle. Dès les premiers jours, il fut évident pour tous les observateurs qu'une ère nouvelle venait de commencer. Lesage forma un cabinet dans lequel les activistes étaient bien en vue. Certains, tel René Lévesque, étaient de nouveaux venus en politique mais avaient joué un rôle important dans le flot montant de réformes sociales et politiques qui avaient émergé au Québec avant même la mort de Duplessis. Lévesque avait été commentateur politique et journaliste au réseau français de Radio-Canada et avait mené la grève déclenchée en 1959 à Montréal par les réalisateurs français, quand Radio-Canada avait menacé de réduire les programmes d'information en français.

Les premiers gestes du nouveau gouvernement furent plus riches de symbole que de substance. On annonça que dorénavant tous les contrats gouvernementaux seraient précédés de soumissions publiques. Un vétéran de la Gendarmerie royale canadienne fut nommé à la tête d'une Sûreté du Québec corrompue (elle avait souvent tenu lieu de milice privée à Duplessis) et reçut le mandat de faire maison nette. Un juge éminent, réputé pour être dur et incorruptible, fut chargé de la Commission des liqueurs du Québec, qui avait été l'une des plus importantes vaches à lait de l'Union nationale. Des pourparlers s'engagèrent avec Ottawa en vue d'accéder à des fonds fédéraux pour financer l'assurance-hospitalisation et pour construire la portion québécoise de la Transcanadienne. Ce fut une période grisante: les «trente jours qui secouèrent la province», selon les termes du *Devoir,* et une «révolution tranquille», d'après le *Globe and Mail.* L'expression est restée.

Les objectifs initiaux de cette Révolution tranquille étaient traditionnels: indiquer nettement la fin de la corruption qui régnait à l'époque de Duplessis; dire au monde que les libéraux gouverneraient de façon ouverte et démocratique; proclamer que l'insularité qui avait marqué les relations de Duplessis avec Ottawa était chose du passé. Ottawa avait affecté des fonds à ceci ou cela et Duplessis avait, la plupart du temps, refusé d'accepter ces largesses; le Québec chercherait maintenant à en obtenir la part qui lui revenait. Ceci voulait-il dire que le Québec était prêt à devenir une province comme les autres, à s'asseoir à la même table que les autres provinces sur un pied d'égalité et à accepter la direction du gouvernement fédéral pour introduire de nouvelles mesures? Bien loin de là.

En quoi la Révolution tranquille était-elle révolutionnaire? Ce n'était certes pas en raison de sa lutte contre la corruption, aussi louable que fût cet objectif. Les gouvernements luttent constamment contre la corruption. Pas plus que n'était révolutionnaire la vision de base qu'elle avait de la place du Québec dans le Canada ou sa conviction que le rôle premier du gouvernement du Québec était d'assurer la *survivance**. Comme l'on pouvait s'y attendre, le gouvernement Lesage partageait en ces matières toutes les idées qu'avaient défendues Duplessis et ses prédécesseurs, en remontant jusqu'à Mercier: le Québec était la seule patrie de la minorité francophone au Canada; le gouvernement du Québec avait le devoir sacré d'utiliser les pouvoirs qu'il détenait pour atteindre son objectif de protéger les intérêts de cette minorité; le gouvernement du Québec parlait au nom de la communauté francophone alors qu'Ottawa représentait le «Canada anglais»; le Canada avait été créé par deux peuples fondateurs et constituait une alliance entre ces deux peuples autant qu'une alliance entre les provinces.

Une grande partie des fondements de la position constitu-tionnelle du gouvernement Lesage avait été jetée par une commission royale du Québec établie par le gouvernement Duplessis en 1953. La Commission royale d'enquête sur les problèmes constitutionnels, présidée par le juge Thomas Tremblay, naquit d'un décret de l'Assemblée du Québec en février 1953. Elle était chargée de formuler la réponse du Québec à l'interventionnisme croissant du gou-vernement fédéral depuis la fin de la Deuxième Guerre mondiale, non seulement dans les sphères de la politique fiscale, économique et sociale, mais aussi dans le domaine de la politique culturelle. Ce dernier point était manifeste dans certaines des recommandations qu'avait faites la Commission royale fédérale sur le développement national des arts, des lettres et des sciences — la commission Massey — dans son rapport de 1951. Partant de l'hypothèse que le Canada avait une culture nationale et que le gouvernement fédéral devrait jouer un rôle actif dans la promotion de cette culture sous toutes ses facettes (y compris l'enseignement supérieur, la recherche scientifique et les arts), la commission Massey avait recommandé la création d'un organisme financé par le gouvernement fédéral — le Conseil canadien — pour superviser et guider la participation du Gouvernement à la promotion et à la direction de la culture canadienne. Le Québec vit cela comme une dangereuse intrusion dans les affaires québécoises. Le «Canada anglais» avait peut-être sa propre culture et le gouvernement fédéral se devait sûrement de la promouvoir, mais seul le Québec avait un rôle à jouer dans la préservation et la promotion de la culture française!

La loi même qui était à l'origine de la commission Tremblay en dit long sur sa mission: elle réitérait l'idée que le Canada était une alliance culturelle entre deux peuples fondateurs — le vieux *canard** d'Henri Bourassa — et que ces deux peuples jouissaient de droits et de privilèges égaux; le gouvernement du Québec devait être le représentant de la communauté française et le gouvernement du Canada celui de la communauté anglaise; enfin, pour mener à bien sa mission de protéger les intérêts de l'une des deux communautés fondatrices et égales, le gouvernement du Québec avait besoin des ressources fiscales qui lui permettraient de préserver son indépendance. La Commission avait pour mission de suggérer des façons d'y parvenir, non pas d'examiner, de questionner ou de justifier les hypothèses qui régissaient son mandat.

Duplessis s'attendait sans aucun doute à ce que les commissaires lui servent les arguments dont il avait besoin dans ses luttes contre Ottawa et rien de plus. Il avait en partie raison. En fait, la Commission mena une étude approfondie sur l'histoire constitutionnelle canadienne d'un point de vue québécois devenu traditionnel, sur l'histoire des communautés françaises à la fois au Québec et hors Québec, sur les dispositions fiscales alors en vigueur au Canada et sur la répartition des pouvoirs entre les provinces et Ottawa. Les hypothèses sur lesquelles la Commission basait son travail étaient celles qu'avaient développées Mercier, Bourassa, Groulx et d'autres chefs du Québec — principalement dans la tradition de Papineau. La Commission prit aussi bonne note des épreuves amères qu'avaient été les batailles perdues des écoles du Manitoba et de la conscription. Elle commençait par recommander au gouvernement du Québec d'être un guide bien plus actif non seulement pour la vie culturelle de la province, mais aussi pour son développement économique, social et industriel. Pour reprendre les mots du politologue William Coleman, la Commission croyait que «le gouvernement du Québec devait recevoir des pouvoirs suffisants pour lui permettre d'agir en tant que gouvernement national de la nation canadienne-française: la responsabilité exclusive de l'éducation, de l'administration des services sociaux, du soutien à la culture et même de l'exploitation des ressources naturelles». Il en découlait naturellement que le Québec devait, à tout le moins, investir le champ de la taxation directe — ce que fit Duplessis en introduisant un impôt québécois sur le revenu au début de 1954.

D'une certaine façon, les recommandations de la commission Tremblay étaient mort-nées. D'une part, Duplessis n'allait pas se mettre à changer sa philosophie du gouvernement à cette étape de sa carrière. D'autre part, toujours selon le professeur Coleman, «la révolution que demandait la commission Tremblay n'eut jamais lieu parce que les valeurs qu'elle prônait étaient en voie d'abandon».

C'étaient des valeurs catholiques traditionnelles — ce n'est pas une surprise si l'on se rappelle qui composait la Commission: l'un était un disciple de Groulx, un autre un spécialiste de la doctrine sociale catholique, alors que Tremblay lui-même était un ami et un confident de Duplessis — qui déjà perdaient de leur influence dans les cœurs et les esprits des intellectuels de la nouvelle classe moyenne comme dans ceux des chefs syndicaux de la province.

Bien que la commission Tremblay ait eu un effet immédiat limité sur le gouvernement du Québec, elle aida bien des Québécois à clarifier leurs pensées, pas tant pour trouver comment préserver un Québec catholique et conservateur que pour définir le rôle qu'ils désiraient voir tenir par le gouvernement du Québec dans le monde de l'après-guerre. C'est là que le gouvernement Lesage sortit sa réponse révolutionnaire. Il irait de l'avant dans tous les domaines constitutionnels accessibles pour trouver les limites de ses pouvoirs et voir ce que ceux-ci lui permettaient d'accomplir. Il tenterait d'arracher au gouvernement fédéral des domaines de juridiction qui, selon sa lecture de l'histoire constitutionnelle, lui revenaient de droit; et dans ces domaines il travaillerait à promouvoir les intérêts de la communauté française. Comme le gouvernement Duplessis avant lui, le gouvernement Lesage contesterait à Ottawa le droit de légiférer ou de mener le jeu en ce qui concernait les programmes à financement mixte comme l'assurance-hospitalisation (et plus tard l'assurance-maladie, entre autres). À la différence du gouvernement Duplessis, cependant, il ne refusait pas de participer à ces programmes en laissant Ottawa encaisser les fonds réservés au Québec. Au contraire, il insistait sur son droit à instaurer ses propres programmes parallèles avec ces mêmes fonds. Tout ceci découlait de cette croyance profonde selon laquelle le Québec n'était pas une province comme les autres, mais avait une mission différente, nationale, à accomplir. Ainsi le gouvernement du Québec assumerait le rôle qu'avait tenu pendant un certain temps l'Église catholique, rôle qui dès 1960 avait été de plus en plus délaissé dans une société se sécularisant toujours davantage. Le gouvernement du Québec était la nouvelle Église; le nationalisme français, la nouvelle religion; le nouveau clergé se composait des chefs politiques, des intellectuels et des bureaucrates qui pourvoiraient aux besoins des «paroissiens» représentés par le peuple du Québec français. C'était du communautarisme élevé au rang d'un art.

Le Québec a-t-il besoin des nouveaux pouvoirs qu'il revendiquait à l'époque de Lesage et qu'il revendique maintenant dans l'après-Meech? Il est temps de réfléchir à cette question, car elle est au cœur de la crise constitutionnelle actuelle. La commission Tremblay avait soulevé la question, mais Duplessis ne chercha jamais, en général, à y répondre. Elle fut ensuite mise de l'avant par les libéraux de Lesage et, par la suite, toutes les exigences constitutionnelles de chaque gouvernement du Québec se fondèrent sur elle. Évidemment la réponse donnée par ces gouvernements fut toujours affirmative. (Un chef politique fait-il jamais campagne pour obtenir des pouvoirs moindres?) Et c'est devenu parole sacrée, prise pour parole d'évangile, même par bon nombre de gens du Canada anglais, que d'accepter une réponse affirmative comme la réponse correcte. Il s'agit là d'une excellente illustration du vieux dicton voulant si l'on répète une chose assez souvent elle doit être vraie.

Pour qu'elle soit vraie, cependant, il faudrait que plusieurs autres hypothèses le soient aussi. Premièrement, il faudrait que le gouvernement du Québec soit le seul gouvernement chargé de défendre la communauté francophone et, deuxièmement, qu'il soit le seul à être capable de la défendre. Aucune de ces deux hypothèses ne va de soi; les deux ont été remises en question depuis le temps de Lafontaine jusqu'à l'ère de Pierre Elliott Trudeau.

En 1960, le Canada était déjà un pays très décentralisé, nonobstant les initiatives prises par le gouvernement fédéral depuis 1945 dans les domaines social, économique, fiscal et culturel. Par exemple, à l'intérieur de l'union économique que le Canada est censé être, existaient (et existent encore) beaucoup de barrières importantes entravant le commerce entre les provinces. De plus, le gouvernement fédéral n'avait aucune juridiction directe sur la politique sociale, ni sur les législations du travail, les transports et les communications au sein de chaque province, à moins de faire la preuve devant les tribunaux du caractère national de l'impact ou de la portée des dossiers de communication ou de transport concernés. Ottawa avait juridiction sur le commerce entre les provinces, mais les tribunaux avaient toujours interprété les textes de façon restrictive. Presque toutes les mesures conçues par Ottawa pour lutter contre la Grande Dépression des années 30 avaient été jetées à terre par les tribunaux; toutes les mesures destinées à adapter le Canada à la guerre en 1914-1918 et en 1939-1945 avaient été révoquées dès la fin des hostilités. Chaque province avait (et a encore) le contrôle exclusif de l'éducation, des relations de travail, du développement des communications intérieures, y compris les voies ferrées et les autoroutes intra-provinciales, de l'exploitation des ressources naturelles, de l'établissement de barrières commerciales (comme des règlements d'exclusion frappant les produits et les services venant d'autres provinces). Ottawa avait (et a encore) de plus grands pouvoirs fiscaux que les provinces, mais chaque province avait le pouvoir de lever un grand éventail de taxes directes comprenant l'impôt sur le revenu et sur les sociétés, les taxes sur les ventes et les droits de succession. Et, bien qu'il n'y eût aucun amendement visant à changer la Constitution canadienne — ce fut, jusqu'en 1982, une loi du Parlement britannique qui ne pouvait être modifiée que par cette assemblée —, il était tacitement entendu que toutes les provinces devaient donner leur accord pour que l'AANB puisse être modifié. Le gouvernement du Canada avait ainsi bien moins de pouvoirs par rapport aux provinces que le gouvernement des États-Unis n'en avait par rapport à ses États.

Dès la toute première rencontre interprovinciale en 1887 — la Conférence interprovinciale convoquée par Mowat et dont Mercier fut l'hôte —, les provinces essayèrent d'améliorer leur position vis-à-vis d'Ottawa. Elles cherchaient à obtenir plus de pouvoir d'Ottawa et à l'empêcher d'étendre sa sphère d'influence, et l'attaquaient devant les tribunaux chaque fois que surgissaient des sujets auxquels l'AANB ne faisait pas référence, comme la radiodiffusion ou l'aéronautique. Le Québec participa à tout ceci, mais c'était le plus souvent l'Ontario qui menait les attaques contre Ottawa. L'Ontario défendait les pouvoirs qu'il avait et essayait d'en obtenir de nouveaux, non pas parce qu'il pensait avoir un rôle particulier à jouer en tant que principal gouvernement responsable de la protection du Canada anglais, mais à cause de la vanité ou de l'ambition de ses chefs, à cause du rôle qui lui était dévolu dans la fédération de protéger les intérêts des Ontariens contre ceux des Canadiens habitant les autres provinces, à cause de sa taille et de sa richesse. Ce marchandage entre gouvernements qui partagent une souveraineté (le gouvernement national est souverain dans ses domaines d'attribution, les provinces dans les leurs) est la discordance créative inhérente à tout système fédéral.

Quelles étaient, alors, les motivations du Québec? S'engageait-il dans la lutte pour accroître son autorité pour les mêmes raisons que celles qui motivaient l'Ontario? Agissait-il alors comme n'importe quelle autre province (tout en proclamant sa différence) en tentant d'obtenir plus de pouvoir? Ceci fut certainement vrai jusqu'en 1960. Mais, à ce moment-là, il se mit à revendiquer des pouvoirs non pas égaux à ceux de l'Ontario mais plus importants. Ceux-ci étaient-ils vraiment nécessaires pour préserver la culture distincte du Québec, ou les chefs politiques du Québec utilisaient-ils simplement des arguments culturels pour obtenir ce que veulent la plupart des politiciens (au Québec, en Ontario ou à Tombouctou): plus de pouvoir en général?

Quelle que soit la réponse à la question «Le Québec avait-il ou a-t-il vraiment besoin de pouvoirs supérieurs à ceux qu'ont les autres provinces?», l'histoire du Québec sous Lesage et les gouvernements ultérieurs nous pousse à croire que ce n'était pas le cas. Les deux mesures les plus importantes prises par le gouvernement Lesage au début des années 60 le furent toutes deux dans le cadre de la Constitution existante. Il s'agissait de la nationalisation des compagnies d'électricité privées du Québec et de la création du Régime des rentes du Québec et de la Caisse de dépôt et placement du Québec, qui est le dépositaire des fonds du Régime des rentes.

L'initiative de la nationalisation des compagnies d'électricité privées revient à René Lévesque. En tant que ministre des Ressources naturelles en 1962, il commença à préconiser cette mesure de plus en plus vigoureusement, à la fois au sein du cabinet et dans les cercles réformistes du Parti libéral. Les réformistes considéraient cette mesure comme un élément clé qui permettrait aux Québécois de devenir *maîtres chez nous**. Elle avait été recommandée par Bourassa et ses partisans dès le tournant du siècle et c'était l'un des engagements qu'avait pris Duplessis lors de sa première élection en 1936 et qu'il n'avait pas tenu.

En 1944, le gouvernement libéral de Joseph-Adélard Godbout avait nationalisé la compagnie Montreal Light, Heat and Power Consolidated pour créer Hydro-Québec, une petite compagnie dont les activités se limitaient à la région de Montréal. Elle faisait pâle figure à côté d'Hydro-Ontario, le monopole gouvernemental qui avait maintenu extrêmement bas les coûts de production et de distribution de l'électricité en Ontario depuis le début du siècle. Les consommateurs y avaient trouvé leur compte et ça avait été une aubaine pour l'industrie de la province. Lévesque et ses partisans voulaient maintenant transformer Hydro-Québec en un monopole à la taille de la province, à la fois pour fournir au gouvernement du Québec un outil stratégique et pour arrêter le flot des profits qui filaient dans les poches des actionnaires canadiens-anglais et américains. La dépense allait être prohibitive; les coûts étaient estimés à 400 millions de dollars, ce qui équivaut sensiblement à certains budgets provinciaux récents. Après une discussion approfondie et un débat au sein du cabinet, l'opinion de Lévesque prévalut et Lesage décida de se présenter devant le peuple québécois pour en obtenir un mandat spécifique sur cette question. Le 14 novembre 1962, les libéraux gagnèrent leur seconde élection d'affilée avec 56,5 % du suffrage populaire. En moins de huit mois, le rachat des compagnies d'électricité privées était parachevé.

La transformation d'Hydro-Québec en monopole gouvernemental fut l'un des jalons les plus importants sur le chemin du Québec vers son autodétermination. D'un seul coup, un outil gigantesque fut créé pour dompter et exploiter les ressources hydrauliques abondantes de la province. Le projet massif de la baie James entamé en 1971 n'aurait pu être réalisé sans cette décision. Ce projet fait du Québec une source d'électricité de première importance pour le nord-est des États-Unis. À l'heure actuelle, le Québec entreprend la construction de la phase II de la baie James, autre projet électrique majeur qui pourrait soutenir l'économie d'un Québec indépendant. Ce projet découle lui aussi de la prise de contrôle des compagnies d'électricité privées voilà quelque trente ans. La nationalisation fut possible parce que le Québec, comme les autres provinces, exerce un contrôle total sur les droits de propriété et les droits civils dans la province aux termes de la Constitution actuelle. Il n'avait besoin de pouvoirs supplémentaires ni pour mener à bien la nationalisation ni pour exploiter les ressources hydro-électriques de la province, en 1971 comme maintenant.

Le Québec n'avait pas plus besoin de pouvoirs supplémentaires pour lancer son propre régime de retraite, une initiative entreprise à la suite d'une brève mais rude bataille avec le gouvernement libéral de Lester B. Pearson, à la fin de 1963 et au début de 1964. La bataille fut engagée après la victoire minoritaire de Pearson aux élections du 22 avril 1963, quand Ottawa annonça qu'il comptait introduire à l'échelle nationale un régime de retraite obligatoire. Le Régime de retraite canadien devait être la pierre angulaire du programme de réformes du gouvernement Pearson.

Le gouvernement Lesage refusa de participer au projet d'Ottawa. Judy LaMarsh, ministre canadienne de la Santé et du Bien-être social, pensa que le Québec voulait simplement s'assurer que le Régime de retraite canadien serait traduit en français. En fait, les brillants bureaucrates de Québec avaient déjà compris qu'un régime de retraite sous leur propre contrôle créerait un vaste réservoir de capitaux grâce aux contributions des employeurs et des employés et que ces capitaux pourraient être investis stratégiquement, pour le plus grand bénéfice des Québécois.

La crise se précipita à la Conférence fédérale-provinciale qui se tint à Québec en mars et en avril 1964. Lesage dévoila alors ses propres plans destinés à doter le Québec d'un régime de retraite qui était meilleur que le régime fédéral à presque tous les égards. Ottawa se vit obligé de céder. Au cours de réunions qui suivirent la conférence, Ottawa adopta un grand nombre de dispositions contenues dans le projet du Québec et accorda aux provinces le droit de mettre en œuvre leur propre régime. Aucune ne le fit, bien sûr, car les objectifs du Québec n'étaient pas uniquement d'ordre financier mais aussi psychologique. Comme le dit Jean Lesage à l'Assemblée législative du Québec: «J'ai travaillé pour ma province comme aucun homme n'a jamais travaillé pour elle. J'ai utilisé tous les moyens dont la Providence m'a pourvu [...] pour que le Québec, enfin, puisse être reconnu comme une province ayant un *statut spécial** dans la Confédération.» La valeur totale de la Caisse de dépôt et placement, qui détient les fonds du Régime des rentes du Québec, avoisine actuellement les 40 milliards de dollars. C'est le plus grand réservoir de capitaux au Canada. Il a régulièrement été utilisé, et continuera de l'être, comme une source stratégique de capitaux dans laquelle les entreprises du Québec peuvent continuellement puiser. Une bonne partie de l'activité économique que les francophones donnent pour preuve de leurs nouvelles capacités à diriger et à entreprendre a été financée par cette source de fonds d'État. Elle aussi a été créée sans qu'on eût besoin de pouvoirs spéciaux supplémentaires.

On peut ainsi démontrer à l'évidence que le Québec, sous Lesage et les gouvernements ultérieurs, a toujours eu de forts leviers de pouvoir — financier, économique et culturel — *dans le cadre des accords constitutionnels actuels* pour assurer non seulement *la survivance** mais aussi *l'épanouissement**, l'essor de sa culture. Pourquoi le Québec a-t-il alors cherché à obtenir des garanties et des pouvoirs spéciaux au cours de toutes les séances de disputes constitutionnelles qui se sont succédé presque sans discontinuer depuis le début des années 60? Pourquoi s'est-il accroché, inflexible, à ses positions lors du lac Meech? Pourquoi en veut-il encore plus maintenant?

Avant de répondre à cette question, nous tenons à dire très clairement qu'il y a un domaine dans lequel le Québec avait et a encore, selon nous, parfaitement droit à un statut particulier, quel qu'il soit, au sein du Canada. En tant que foyer de la seule communauté francophone d'importance en Amérique du Nord, le Québec a le droit de donner son veto sur tout accord constitutionnel qui pourrait menacer le statut de la langue française au Québec, du moment que ce veto reste en accord avec les principes de base d'un Canada en tant que nation. Ainsi il était et il est raisonnable que le Québec détienne des pouvoirs qui protégeraient ses droits à défendre sa langue dans le cas d'une attaque comme celle qu'a subie la minorité francophone du Manitoba dans la lutte qu'elle a livrée à propos des écoles séparées. Si l'on tient compte du cours de l'histoire et des réalités politiques, nous croyons que le Québec a raison de tenir à ce que sa capacité à protéger la communauté francophone au Québec ne soit pas diminuée par les actes de quelqu'un d'autre. Malheureusement, le Québec veut plus que cela.

Depuis la Révolution tranquille, les définitions données par le Québec de «la langue» et de «la culture» et des dangers qu'elles couraient ont été si larges et si vagues qu'il a fini par exiger une vaste gamme de pouvoirs supplémentaires menaçant l'existence même du Canada. Nous pensons que les pouvoirs dont le Québec dit avoir besoin pour protéger sa culture française ne sont pas nécessaires et ne l'ont jamais été. L'ardeur, le dynamisme, la capacité d'innover des Québécois le prouvent, de même que les progrès qu'ils ont accomplis dans les domaines de la culture, de l'économie, du commerce, de l'éducation et sur le plan social depuis la Révolution tranquille — résultats acquis avec des pouvoirs pas plus importants que ceux de l'Ontario ou de quelque autre province et sans modifier de façon importante l'équilibre entre les pouvoirs fédéraux et provinciaux. Nous croyons que les chefs du Québec veulent plus de pouvoirs non pas parce qu'ils en ont besoin, mais parce que, soutenus par ses journalistes, ses intellectuels et ses artistes, ils ont gobé ces notions formulées par Papineau, Mercier, Henri Bourassa, Groulx et Duplessis, avalant du même coup l'idée qu'un État comme le Québec devait avoir ces pouvoirs et y avait droit du seul fait qu'ils en décidaient ainsi!

En d'autres termes, le Québec ne cherche pas à avoir plus de pouvoirs pour offrir à son peuple une administration provinciale plus efficace. Il n'essaie pas d'être plus efficace dans sa promotion des intérêts provinciaux ou régionaux de ses habitants, comme c'est le cas pour l'Alberta, la Colombie-Britannique ou le Nouveau-Brunswick. Au lieu de cela, le Québec tente d'obtenir ces pouvoirs fiscaux, législatifs et économiques en fonction de la vision qu'il a développée de lui-même au cours du siècle écoulé: la vision d'un *État-nation* au sein du Canada, le cœur de l'un des deux peuples fondateurs du Canada, dont l'accord a rendu possible le Canada!

Ceci veut-il dire que Lesage était un «séparatiste» qui recherchait secrètement l'indépendance? Non. Sa campagne du côté du *non** lors du référendum de 1980 sur la souveraineté-association le prouve. Pour Lesage et tous ses successeurs soi-disant fédéralistes, un «statut particulier» représentait, tout simplement, les prérogatives d'un État en évitant les souffrances et une grande partie des coûts qui sont le lot d'un véritable État. Pourquoi même parler de séparation, alors que le Québec n'a pas encore mis à l'épreuve toute l'étendue de ses pouvoirs au sein de la Confédération, disait-il souvent quand il était Premier ministre? Pourquoi, en effet!

Lesage, un homme d'une grande intégrité, concevait la séparation comme un but, non comme une menace. Son successeur, le Premier ministre de l'Union nationale Daniel Johnson, pensait différemment. Son slogan était *«égalité ou indépendance**»*, égalité pour le Québec ou indépendance. Il n'entendait pas par là «égalité avec les autres provinces», mais bien «égalité avec Ottawa». Pour lui, cette égalité ne tarderait pas et il pensait sans aucun doute qu'elle viendrait encore plus vite sous la menace de la séparation. Ainsi, pour lui, la séparation était une menace et non un but.

Les fondements de cette façon de penser remontent à la Confédération elle-même, mais la campagne que mena le Québec pour obtenir un statut juridique particulier à la mesure de celui que ses chefs avaient toujours eu dans la tête et dans le cœur s'accéléra après 1960. Elle suivait un cours parallèle à la réémergence du séparatisme au Québec dans les années 60, et elle n'était pas sans lien avec celle-ci. Il y avait plusieurs raisons à cela. D'une part, le mouvement séparatiste s'appuyait sur les doléances historiques du Québec. D'autre part, il était influencé par l'accession à l'indépendance de nations du tiers monde dans les années 60. Une bonne part de la rhétorique originelle plutôt grossière du séparatisme au Québec se réduisait presque à singer gauchement l'évangile marxiste, antiaméricain, anticolonialiste, qui était prêché dans diverses capitales de l'Asie ou de l'Afrique. Une part de l'émotion séparatiste découlait aussi de la soif qu'avaient les journalistes, les auteurs, les artistes et autres dilettantes de la politique au Québec d'avoir un pays à eux, pourvu d'un siège à l'ONU et d'un hymne national, et où ils n'auraient pas à faire de compromis avec *les Anglais**. Dans l'atmosphère de liberté et d'expérimentation qu'avait engendrée la Révolution tranquille, cette émotion commença à conquérir le cœur de plus d'un Québécois francophone, René Lévesque n'étant pas le moindre. Ainsi Lesage et ses successeurs durent trouver un équilibre entre la réalité du désastre que pourrait être l'indépendance pour le Québec et les rêves des écrivains, des artistes et des intellectuels qui aspiraient à la «liberté» du Québec. Ils savaient pertinemment qu'un Canada qui avait, dans la plupart des cas, permis au Québec d'être bien calé au cœur du pouvoir dès le début avait été une bonne chose pour cette province. Il se peut même qu'ils aient fait le bilan des pertes du Québec (les écoles du Manitoba, la conscription, etc.) et qu'ils se soient rendu compte qu'elles étaient bien inférieures à ses gains. Le compromis auquel ils parvinrent, alors et maintenant, fut d'essayer de définir un statut particulier pour le Québec — un statut digne de sa qualité d'État — au sein du Canada. La difficulté était de faire admettre cette notion au reste du Canada.

Compte tenu des changements survenus dans la société québécoise depuis la fin de la Deuxième Guerre, il n'est pas étonnant de voir émerger tant de nationalisme et de fierté nationale. Le changement le plus important fut le déclin de l'influence séculière de l'Église et de la religiosité même des Québécois. Pour toutes sortes de raisons complexes reliées entre elles, et dont la plupart venaient de l'émergence d'une classe moyenne instruite, le catholicisme cessa d'être une puissance majeure de la société québécoise. On peut mettre ceci en parallèle avec le déclin du taux de natalité, voire trouver des liens entre ces deux phénomènes qui sont caractéristiques d'une société devenant plus riche et plus instruite. En termes simples, moins de gens allaient à l'église, surtout dans les villes, et moins de gens se tournaient vers l'Église pour y trouver un guide religieux ou séculier.

Et ceci n'est que plus évident lorsque l'on évoque l'avortement et la planification des naissances. En effet, bien que l'Église s'y oppose aussi fortement qu'avant, de plus en plus de Québécois défient les préceptes des prêtres de leurs paroisses en ces matières depuis trois décennies. Ce n'est pas sans rappeler l'époque précédant la conquête, quand le peuple de Nouvelle-France bafouait plus qu'il n'observait les préceptes de l'Église.

L'émergence d'une classe moyenne instruite accéléra aussi le processus d'américanisation. Depuis l'époque de Papineau, les États-Unis ont fasciné la plupart des Québécois. Tandis que les francophones n'éprouvent que dédain pour le Canada «anglais» en tant que société qui soit n'existe pas vraiment, soit ne sait pas qu'elle existe, ils admirent bien des choses chez les Américains, de leurs principes de libertés politiques à leur fièvre de consommation. En termes simples, les publications, les films et les émissions de télévision américains trouvent un bon accueil chez le Québécois moyen. Les Québécois français riches envoient leurs enfants dans des écoles et des universités américaines; des Québécois moins aisés passent leurs vacances en Floride (où de nombreuses localités mettent des panneaux en français sur leurs plages). Pendant la Deuxième Guerre mondiale, René Lévesque était correspondant de guerre avec l'armée de terre américaine et, peu après son élection comme Premier ministre en 1976, il s'adressa aux courtiers tout-puissants de Wall Street en comparant la soif d'indépendance des Québécois à celle des colons américains qui chassèrent les Anglais en 1776. Ceci a dû surprendre son public qui le voyait probablement mieux sous les traits d'un Jefferson Davis faisant sortir le Sud de l'Union que sous ceux d'un George Washington. Ainsi les valeurs américaines se trouvent-elles de plus en plus chez elles au Québec, processus qui tout à la fois accélère la sécularisation et est accéléré par celle-ci. Mais au Québec il y a toujours une différence, et dans ce cas elle est profonde: alors que les États-Unis sont une société polyglotte, pluraliste, tenant les droits individuels pour les seuls absolus que l'État a le devoir de protéger, le Québec est, par nécessité et du fait de son histoire, une société culturellement fondamentaliste, qui tient les droits collectifs de la communauté française pour le premier absolu que l'État a le devoir de protéger.

La tendance du Québec à devenir plus séculier, plus américain, plus bourgeois a préparé, après 1945, le terrain pour la Révolution tranquille. À son tour, celle-ci a poussé ces tendances encore plus loin. Pendant tout ce temps, le communautarisme français du Québec se renforçait. Alors que la société francophone reposait sur les trois piliers qu'étaient l'Église, l'agriculture et la langue française, elle ne repose à présent que sur un seul de ces piliers: la langue. Ainsi la communauté se définit-elle maintenant en termes culturels et linguistiques uniquement. Deux lignes de défense sont tombées. Il n'en reste qu'une seule pour préserver le caractère distinct du Québec dans une Amérique du Nord (et un monde) de plus en plus intégrée. Le nationalisme est inévitable dans une communauté menacée. Non seulement le Québec se sent menacé, mais il l'est dans une certaine mesure. Avec un taux de natalité qui diminue depuis presque trois décennies, avec une émigration sans cesse croissante vers le reste de l'Amérique du Nord, avec partout des barrières linguistiques qui ne remplissent pas leur but et avec l'anglais qui émerge comme la première langue vraiment mondiale dans les sciences, les affaires, le commerce, le transport et les communications, les Québécois francophones ont peur que leur caractère distinct ne survive pas bien longtemps.

Est-ce une raison pour que le Québec ait plus de pouvoirs au sein du Canada? Ici encore notre réponse est non. Tout d'abord, le Québec dispose déjà de tous les pouvoirs constitutionnels dont il a besoin pour faire face à la baisse de son taux de natalité. Deuxièmement, si des facteurs mondiaux dont la source se situe à l'extérieur des frontières du Canada menacent le Québec-dans-le-Canada, ils menaceront plus encore l'État du Québec. Les Québécois devront *davantage* parler l'anglais après la sécession que maintenant, par exemple, parce que les entreprises internationales avec lesquelles le Québec fera affaire, et dans lesquelles des Québécois désireux de faire carrière voudront travailler, n'ont pas de loi sur les langues officielles. Nous croyons que la survie du Québec a toujours été mieux servie au sein du Canada et que tout ce qui menace la survie du Canada menace le Québec. Et rien ne menace plus la survie du Canada qu'un Québec doté de pouvoirs spéciaux et d'un statut particulier.

Si le Québec a changé depuis 1945, le Canada «anglais» a lui aussi changé. L'immigration a été l'un des facteurs de changement les plus importants. Bien que la première grande vague d'immigration de l'après-guerre ait surtout compté des Européens blancs — des réfugiés de guerre venant d'Europe centrale et d'Europe de l'Est —, les vagues suivantes (et les vagues actuelles) ont apporté des centaines de milliers d'immigrants non blancs venus du monde entier. Le Canada anglophone n'est tout simplement plus le pays britannique blanc que l'on prétendait qu'il était encore aussi récemment qu'en 1945. Les nouveaux citoyens du Canada ont non seulement exigé une part égale de ce que le pays avait à offrir, mais ils ont aussi exigé d'être traités en citoyens égaux devant la loi. Ces exigences allaient à l'encontre de bien des conventions de la vie canadienne telles qu'elles existaient en 1945 et à l'encontre de quelques-unes de celles qui ont subsisté — le meilleur exemple en est le soutien gouvernemental dont bénéficient les catholiques pour leurs écoles dans sept des dix provinces (une réminiscence de la Confédération) alors que les sikhs, les hindous, les musulmans, les juifs et les bouddhistes n'en ont pas.

Comme les Québécois, les Canadiens anglophones ont été affectés par de nombreuses valeurs et conventions de la vie américaine. L'exemple le plus flagrant en est l'importance que prend la nécessité de protéger les droits individuels et, en fait, d'élever ces droits au-dessus de ceux du groupe. Ce mouvement a donné son premier résultat concret lors de l'adoption de la Déclaration canadienne des droits par le gouvernement Diefenbaker en 1960. Contrairement à la Charte des droits et libertés de 1982, la Déclaration des droits de Diefenbaker était une loi ordinaire du gouvernement fédéral et n'avait donc pas un statut particulier lui donnant prééminence sur les autres lois fédérales. Mais le fait qu'elle ait été adoptée par un gouvernement dirigé par un homme qui ne croyait pas à un Canada séparé en plusieurs entités indiquait nettement la direction dans laquelle se dirigeait la société canadienne. Que ceci se soit produit au moment précis où la Révolution tranquille gagnait si rapidement du terrain au Québec devrait être riche d'enseignements, et pour les Québécois francophones et pour les Canadiens. Les Français du Québec sont souvent mystifiés par le manque apparent d'identité culturelle du Canada anglophone, et ils ne manquent pas de s'en gausser. Compte tenu de leur admiration pour les États-Unis, c'est plutôt ironique, car aucune société ne manque autant d'identité culturelle que ceux-ci. Culturellement parlant, les États-Unis se réduisent presque à des milliers de communautés diverses et à des centaines de groupes ethniques, raciaux, religieux et culturels que lient un système politique commun, un système de valeurs politiques commun (pour la plupart), des intérêts économiques personnels communs et une mythologie. Tous ces attributs commencent, en fait, à émerger dans le Canada anglophone et la Charte des droits et libertés joue un rôle essentiel dans ce processus. La foi grandissante du Canada anglophone en la démocratie libérale est le noyau de l'identité qui commence à y émerger. Mais il n'y aura jamais, et il ne pourra jamais y avoir, dans le Canada anglophone cette sorte d'intérêt de communauté étroit que l'on trouve chez les Français du Québec. C'est aussi vrai des États-Unis. Le fait est que les démocraties bâties sur l'immigration sont extrêmement diversifiées. C'est leur plus grande faiblesse et leur force la plus importante. Cela permet, d'une part, une créativité sans entrave dans les sciences, les arts et la culture tandis que, d'autre part, cela mine toute possibilité d'action politique concertée. Il aurait été bien plus facile au Canada «anglais» de «donner une réponse au Québec» en 1940 que ce ne l'est en 1990. Mais, même en 1940, il y aurait eu des difficultés car le vernis d'un Canada britannique et blanc masquait ce qui était, à ce moment déjà, un pays très varié.

Il est bien évident maintenant que le Canada anglais ne sut pas comment réagir à la Révolution tranquille. Il n'avait aucune sympathie pour ce qui se passait, pas plus qu'il ne le comprenait, et personne ne savait quelles en étaient les implications pour la nation, par-delà le Québec. C'est la raison pour laquelle ses chefs ne surent comment réagir à l'agressivité soudaine du Québec dans l'arène fédérale-provinciale. Il en résulta de graves erreurs. C'était encore plus vrai qu'ailleurs dans l'action et l'inaction du gouvernement fédéral libéral dirigé par Lester B. Pearson qui fut élu le 8 avril 1963 et entra en fonction le 22 avril, deux jours après qu'un veilleur de nuit de soixante-cinq ans, Wilfred O'Neill, fut tué par une bombe terroriste pendant qu'il faisait sa ronde dans un centre de recrutement de l'armée à Montréal.

La première réaction de Pearson à la Révolution tranquille fut de créer, au cours de la troisième semaine du mois de juillet 1963, la Commission royale sur le bilinguisme et le biculturalisme. Les cocommissaires étaient André Laurendeau, un journaliste qui avait été l'un des meneurs du mouvement contre la conscription au Québec pendant la Deuxième Guerre, et Davidson Dunton, président de l'Université Carleton, d'où émanait une bonne partie des compétences des libéraux fédéraux. Parmi les commissaires, il y avait quatre francophones, quatre anglophones et deux personnes choisies parmi «les autres groupes», pour appuyer sur le fait que chaque Canadien ne pouvait pas faire remonter ses racines à la France ou à la Grande-Bretagne. Laurendeau avait déjà réuni des preuves de l'absence des Français de la fonction publique canadienne et l'avait critiquée. Dans une série d'éditoriaux du *Devoir,* il avait fait remarquer que les anglophones unilingues ne rencontraient pas de barrière de langue, alors que les francophones devaient apprendre à parler les deux langues couramment. Apparemment, il en résultait, entre autres, que les Français étaient tenus à l'écart du Canada, ou du moins de l'État fédéral. Il était vraiment impératif, dès lors, d'accroître la participation des Français à la fonction publique fédérale de même que l'emploi de la langue française. Ainsi, le mythe d'un pacte confédératif, le mythe de la dualité, se voyait-il réaffirmé dans un contexte nouveau. Un deuxième objectif, subsidiaire, était d'augmenter le soutien du Gouvernement au français en dehors du Québec. Les principes mêmes sur lesquels était fondée la Commission déterminaient le ton de ses recommandations: le Canada était un pays biculturel. Et, puisque le Canada était une société biculturelle, et l'avait été dès ses débuts (d'après la Commission), ses institutions fédérales se devaient de refléter cet état de chose, sans quoi l'avenir du Canada en tant que pays uni était en danger. Pearson n'était nullement déconcerté par le fait que le biculturalisme, ou son enfant le bilinguisme officiel, n'avait rien à voir avec la Révolution tranquille, ni par le fait que Lesage, Lévesque et les autres chefs du Québec cherchaient à avoir plus de pouvoir *au Québec* et auraient volontiers échangé le bilinguisme fédéral contre une plus grande part de pouvoir fédéral (par exemple l'immigration). Ainsi la Commission proposa-t-elle une brochette de solutions à des problèmes sans teneur *constitutionnelle* sérieuse. Et ce faisant, ils jetèrent les bases du multiculturalisme officiel, car comment pouvait-on écarter *quiconque* de la distribution?

La seconde réaction de Pearson fut d'instaurer le fédéralisme «coopératif» — un fédéralisme dans lequel Ottawa abordait toutes les provinces (toutes impérativement, à moins d'accorder au Québec un statut particulier) sur un pied d'égalité pour la mise en forme du futur législatif du Canada. En tant que diplomate ayant étudié l'histoire du Canada, Pearson avait tendance à préférer le terrain neutre, à rechercher le compromis plutôt que l'affrontement. À l'évidence, il croyait que la pire façon de maintenir l'unité du Canada était de serrer la bride. Il trouvait sans doute quelque parallèle avec l'Empire britannique de la fin du XIXe siècle — l'Empire avait survécu grâce à la flexibilité dont les Britanniques avaient fait preuve face aux colonies blanches qui exigeaient plus d'autonomie. L'heure était venue pour Ottawa d'être flexible avec le Québec et, par définition, avec les autres provinces. Mais aussi peu judicieuse que fût la flexibilité de Pearson — elle encouragea le Québec dans sa quête d'un statut particulier et affaiblit l'unité du Canada plutôt que de la consolider —, elle ne le conduisit pas à accepter un statut particulier pour le Québec. «Les trois colombes» qu'il fit entrer dans son gouvernement en 1965 — Gérard Pelletier, Jean Marchand et Pierre Elliott Trudeau — rejetaient eux aussi l'idée d'un statut particulier.

Après deux années de luttes constantes avec le Québec, Pearson était bien moins tenté par la flexibilité. Après 1965 et le recrutement des «trois colombes», il tenta de changer de direction. Ces hommes, dont chacun avait des références inattaquables comme nationaliste français et comme acteur important des changements qui

transformaient le Québec, avaient l'intention de revitaliser le Parti
libéral fédéral au Québec et de donner, à Ottawa, une nouvelle
dimension à la tradition Lafontaine. Pelletier était rédacteur en chef de
La Presse, le journal le plus lu du Québec; Marchand était de longue
date le chef de la Confédération des syndicats nationaux — l'ancien
mouvement syndical catholique qui était devenu le mouvement
syndical le plus militant du Québec — et Trudeau était un expert en
droit constitutionnel, *bon vivant**, tourmenteur intellectuel du régime
de Duplessis et champion de la démocratie libérale au Québec. Avec la
venue de ces hommes au gouvernement Pearson — Marchand devint
ministre de la Citoyenneté et de l'Immigration en décembre 1965;
Pelletier, secrétaire parlementaire du ministre des Affaires extérieures
en avril 1967; et Trudeau, ministre de la Justice en avril 1967 —, le
Parti libéral fédéral restait fidèle à la tradition Lafontaine. Il était prêt
à transformer le Canada en une société biculturelle, voire à imposer le
bilinguisme au pays, mais il n'accorderait pas le statut de demi-État au
Québec. Du moins pas pour le moment.

Avec les progressistes-conservateurs, c'était encore une autre
affaire. En tant que parti d'opposition perpétuel, de la défaite du
gouvernement Borden-Meighen en décembre 1921 à la victoire de
Mulroney en septembre 1984, ils développèrent une vision favorable
aux droits des provinces. C'est typique d'un système fédéral comme
celui du Canada dans lequel le parti au pouvoir à Ottawa tend à se
voir comme le protecteur des prérogatives fédérales alors que
l'opposition, dont c'est le travail de s'opposer au Gouvernement,
voit les choses sous l'angle opposé. Ce n'est pas une coïncidence si
la plupart (mais non la totalité, bien sûr) des grandes initiatives
fédérales qui ont vu le jour pendant ce siècle — l'État-providence, la
création d'une compagnie aérienne nationale, etc. — furent prises
par les libéraux qui gouvernèrent la plupart du temps de 1921 à
1984. Celles qui émanèrent des conservateurs, comme la Banque du
Canada et Radio-Canada, furent élargies et améliorées par les
libéraux.

La tendance qu'ont les tories à se ranger aux côtés des provinces
dans le bras de fer incessant entre le gouvernement fédéral et les

gouvernements provinciaux s'est trouvée renforcée par leur prédilection à choisir d'anciens premiers ministres provinciaux comme chefs du Parti conservateur. C'était une conséquence naturelle de leur incapacité à produire, pendant leur long interrègne, des politiciens fédéraux qui aient quelque succès. Alors que le Parti libéral fédéral n'a jamais eu pour chef un ancien premier ministre provincial, les tories en ont eu trois depuis 1940 — John Bracken du Manitoba (1942-1948), George Drew de l'Ontario (1948-1956) et Robert Stanfield de la Nouvelle-Écosse (1967-1976).

La principale raison pour laquelle les conservateurs errèrent dans le désert politique de 1921 à 1984 réside dans leur incapacité à assurer une présence permanente au Québec. L'action de Borden relativement à la conscription y tua le Parti conservateur. Bien que le Québec ait donné une majorité de ses sièges à John Diefenbaker en 1958, ce mouvement était temporaire et représentait une tendance des Québécois à prendre une assurance politique pour eux-mêmes plus qu'autre chose. Quand le pays se tourna de nouveau vers les libéraux en 1962-1963, les électeurs québécois en firent autant. En bref, les libéraux fédéraux occupaient le centre politique au Québec et les tories fédéraux devaient chercher ailleurs de plus verts pâturages. Jusqu'en 1960, ils tentèrent de contrebalancer leur impopularité en se faisant les champions des politiques du «Québec d'abord» de Duplessis. Même Diefenbaker, qui ne comprenait pas grand-chose au nationalisme québécois — et n'éprouvait aucune sympathie à son égard — essaya de garder en vie l'axe Union nationale-tory.

L'abandon par les tories de la vision du Canada de John A. Macdonald commença sous la direction de Robert Stanfield. À plusieurs reprises après son élection, ce dernier adopta l'idée d'un statut particulier pour le Québec fondé sur la notion selon laquelle le Canada était en fait *deux nations**. Ceci n'est pas surprenant, compte tenu du fait que Diefenbaker, et sa vision d'«un seul Canada», fut liquidé par une coalition de Bay Street et de Québec dont Robert Stanfield recueillit les fruits. Mais, comme en bien d'autres domaines, Stanfield se mit à parler dans le vague quand ses proclamations sur *les deux nations** soulevèrent des tempêtes de protestations de la part de certaines fractions du Parti. À Stanfield succéda Joe Clark, qui essaya de minimiser l'importance de la question du Québec durant toute la période où il fut chef du Parti conservateur, mais qui paraissait esquisser (à peine) une vision décentralisée du Canada comme «communauté de communautés». Il ne fut jamais très précis sur le sens de cette vision, mais elle fut clairement proposée à l'électorat lors de l'élection fédérale de 1979, pour faire pièce à la conception prétendument hautement centralisatrice qu'avait Trudeau du Canada.

La défaite de Clark en 1980 prépara l'accession de Mulroney à la direction du Parti conservateur et son accession au pouvoir en 1984. Pour réussir, Mulroney devait rétablir la légitimité du Parti conservateur au Québec. Les tories tenaient déjà l'Ouest bien en main. S'ils pouvaient déséquilibrer les libéraux au Québec et prendre au moins la moitié du reste du pays, ils pouvaient espérer s'emparer du pouvoir. S'ils pouvaient ancrer leurs racines au Québec, ils pouvaient espérer le garder. La stratégie de Mulroney consistait à faire appel aux Québécois auxquels Trudeau n'avait pas voulu avoir affaire — les nationalistes à la Papineau. Trudeau savait qu'ils ne voulaient du Canada rien d'autre que l'indépendance, ou quelque chose qui s'en approchait. C'est la raison pour laquelle il pensait qu'il ne pouvait y avoir avec eux aucun compromis. Mulroney, d'un autre côté, les voyait comme la clef du succès. Si les tories fédéraux pouvaient devenir les porte-parole non pas du nationalisme à la Lafontaine que les libéraux véhiculaient déjà, mais du nationalisme à la Papineau qui avait été revigoré par la Révolution tranquille et l'accession du PQ au pouvoir en 1976, ils pouvaient espérer s'approprier le Québec. Les victoires écrasantes de Mulroney au Québec en 1984 et en 1988 découlent de cette stratégie. Mulroney paya sa dette envers ses alliés nationalistes avec l'Accord du lac Meech et la reconnaissance, pour la première fois par un gouvernement fédéral, du concept de statut particulier pour le Québec.

Quand Mulroney engendra le Monstre du lac Meech, les libéraux de John Turner et les néo-démocrates de Ed Broadbent auraient dû essayer de l'en empêcher de toutes leurs forces. Au lieu de cela, ils prostituèrent leurs principes pour obtenir les voix du Québec, embrassèrent l'Accord et ôtèrent toute possibilité de choix aux électeurs canadiens. Voyant que Mulroney parvenait à courtiser des séparatistes comme Lucien Bouchard, Turner essaya de le battre à son propre jeu. Pour un homme qui s'était senti diminué, trahi et embarrassé par son ancien chef, Pierre Elliott Trudeau, la tâche dut être relativement aisée — donner une leçon à Trudeau et essayer d'enfoncer Mulroney par la même occasion. Mais pourquoi les néo-démocrates acceptèrent-ils le lac Meech, alors que leur vision sociale-démocrate du Canada repose sur un gouvernement fédéral viable? Par certains côtés, le soutien qu'ils ont apporté à l'Accord du lac Meech et au statut particulier que celui-ci entraînait était encore plus scandaleux que celui des libéraux de Turner, compte tenu de leur histoire et de leurs penchants philosophiques.

En fait, le NPD flirtait au Québec avec les nationalistes de style Papineau depuis le milieu des années 60. Si les tories avaient traversé un désert politique dans cette province depuis la fin de la Première Guerre, le NPD et son prédécesseur, le CCF, n'avaient même pas encore entrepris leur sortie d'Égypte. De sa fondation en 1930 jusqu'en 1990, aucun candidat du CCF ou du NPD n'avait jamais emporté un siège au Québec, au niveau fédéral comme au provincial! L'ancien CCF avait conquis un petit noyau de partisans composé d'une poignée de professeurs grands bourgeois et anglophones de l'Université McGill et de quelques chefs syndicaux dans les circonscriptions ouvrières de Montréal; mais l'opposition virulente de l'Église et la nature fortement centralisatrice du CCF l'avaient tenu à l'écart du Québec moyen.

Dans les années 60, quelques néo-démocrates québécois décidèrent de tenter une percée dans cette province en courtisant les séparatistes de gauche. Ils raisonnaient à peu près ainsi: «Les sépa-ratistes sont en fait des sociaux-démocrates tout comme nous, mais ils veulent bâtir une social-démocratie juste au Québec.» Ainsi les nationalistes de gauche style Papineau trouvèrent-ils une place chaude et confortable au sein du NPD pour en venir rapidement à dominer la section québécoise du Parti. On semblait, à l'époque, attacher peu d'importance au fait qu'ils ne représentaient qu'eux-mêmes, puisqu'on leur attribuait régulièrement les places nécessaires pour compléter les délégations qui, tous les deux ans, assistaient consciencieusement aux réunions pour établir la plate-forme électorale du NPD. Du fait que les néo-démocrates sont, par définition, des gens raisonnables qui choisissent toujours la voie du compromis, ils se mirent à façonner leurs politiques sur les questions d'unité nationale en fonction des attentes des nationalistes québécois. Quand le groupe Waffle, de gauche, prit son essor au sein du Parti à la fin des années 60, la tendance à se plier aux exigences du nationalisme québécois s'accrut rapidement. Lors de son congrès à la direction de 1967, le NPD préconisa officiellement un «statut particulier» pour le Québec. En tant qu'historien, Desmond Morton fit remarquer que c'était «la conclusion logique de six années de résolutions».

En 1971, le NPD fit volte-face sur la question du Québec lors du congrès où le socialiste de longue date David Lewis fut choisi comme chef du Parti. La partie de la plate-forme électorale qui concernait le statut particulier s'était avérée une arme à double tranchant. Le NPD n'avait pas attiré suffisamment de séparatistes pour voir une différence aux élections fédérales de 1968, mais le message de Trudeau sur l'unité nationale avait transformé le statut particulier en boulet que le NPD traînait dans le Canada anglophone. Le NPD n'avait rien appris. Son faible pour le nationalisme de gauche au Québec demeura et, après la fondation du Parti québécois par René Lévesque en 1968, le cœur des néo-démocrates au Québec brûla de l'espoir de voir leur parti faire cause commune avec Lévesque et ses partisans. Après la victoire de Lévesque en 1976, des membres éminents du NPD comme John Harney, qui avait participé à la course à la direction de 1971, plaidèrent pour un arrangement avec Lévesque et firent de leur mieux pour persuader le Canada anglais du bien-fondé de la souveraineté-association. Harney et d'autres jetèrent ainsi les bases sur lesquelles s'appuya la réadoption du statut particulier, sous les traits de l'Accord du lac Meech, par un NPD enthousiaste. Mais quels que furent les principes qui motivèrent l'appui de Broadbent à l'Accord, la considération première était la quête d'un siège insaisissable pour le NPD au Québec.

Cela fait maintenant trente ans que le Canada est pris dans son bourbier constitutionnel. Au début de la décennie fatidique des années 60, le gouvernement Diefenbaker fit une tentative pour rapatrier (transférer au Canada) l'Acte de l'Amérique du Nord britannique, qui était une loi du Parlement britannique. Bien que le Canada ait acquis une indépendance complète et officielle en 1931 quand la Loi de Westminster fut adoptée (par le Parlement britannique elle aussi), l'AANB n'avait jamais été rapatrié, principalement parce qu'Ottawa et les provinces avaient été incapables de s'entendre sur une formule d'amendement des parties de la loi qui concernaient la répartition des pouvoirs entre eux. Le ministre de la Justice sous Diefenbaker, E. Davie Fulton, essaya de mettre au point un projet en 1960, mais il échoua. Il proposa une loi sur l'AANB qui aurait en fait confirmé la division des pouvoirs existante en y ajoutant une formule d'amendement. Le Québec, qui avait soutenu énergiquement l'initiative de Diefenbaker, rejeta le plan Fulton, entre autres parce qu'il ne donnait pas aux provinces de pouvoir sur les prestations de chômage. Diefenbaker voulait ramener la Constitution chez elle, au Canada; Lesage voulait plus de pouvoir. Rien ne fut fait pendant trois autres années.

En 1965, les libéraux de Pearson ranimèrent, à propos du rapatriement, les pourparlers constitutionnels avec les provinces. Se fondant sur la formule initialement proposée par Fulton, le ministre de la Justice Guy Favreau et des représentants des dix provinces finirent par conclure un accord à Charlottetown, en octobre 1964. Pearson était toujours dans sa phase «flexible». La formule «Fulton-Favreau» qui en résulta contenait une idée importante qui n'était apparue dans aucune des propositions constitutionnelles précédentes: si un groupe de provinces souhaitait voir Ottawa légiférer dans un domaine de juridiction provinciale, comme les soins de santé, ces provinces pouvaient déléguer leurs pouvoirs en la matière à Ottawa; si une province décidait de ne pas déléguer ses pouvoirs et d'agir seule, elle recevrait une compensation financière.

Cette formule avait été conçue par Claude Morin, le sous-ministre des Affaires fédérales-provinciales du Québec. À cette époque, Morin était un fervent partisan du statut particulier (il devait devenir un membre influent du Parti québécois et avoir un portefeuille dans les deux gouvernements péquistes) et il pensait que «se retirer avec compensation» était un moyen privilégié d'atteindre cet objectif. Il devait penser plus tard que cela mènerait graduellement à l'indépendance. Le gouvernement du Québec se rangea à son avis — Lesage était aussi en faveur du statut particulier — et gagna Favreau et les autres provinces à sa cause en leur assurant que c'était une façon d'introduire dans le système constitutionnel canadien une flexibilité dont il avait bien besoin. Les chefs québécois ne clamèrent pas sur les toits qu'ils pensaient que le retrait avec compensation mènerait à un statut particulier pour le Québec. Le marché fut vite conclu et Pearson put annoncer que l'on était parvenu à un accord unanime sur le rapatriement avec une formule d'amendement. La formule Fulton-Favreau était censée représenter un compromis typiquement canadien — tout pour tout le monde. Elle n'accordait pas de statut particulier au Québec, ce qui permettait à Pearson et aux autres premiers ministres de la faire adopter au Canada anglais, mais elle offrait bien la potentialité d'un statut particulier à Lesage, à Morin et à tous ceux qui au Québec pouvaient en apprécier la subtilité.

Les séparatistes québécois n'apprécièrent pas la subtilité. Puisque la formule ne donnait manifestement pas au Québec la liberté de créer la sorte d'autonomie qu'ils désiraient, ils l'attaquèrent violemment. Le chef de l'opposition Daniel Johnson, de l'Union nationale, se joignit à eux en déclarant que le Québec souhaitait «l'égalité» ou l'indépendance. Les journalistes et les intellectuels menèrent la charge contre la ratification et de plus en plus de gens s'y opposèrent, y compris dans les rangs du Parti libéral québécois. Quoique Lesage ait fini par convaincre le Parti d'appuyer la formule, il ne tarda pas à prendre peur et ne tint pas son engagement de présenter la mesure à l'Assemblée législative du Québec. La formule Fulton-Favreau était morte à l'automne 1965. C'était la première fois que onze gouvernements s'étaient mis d'accord à la fois sur le rapatriement et sur des changements clés à apporter à la Constitution. C'était aussi la première fois — il y en aurait deux — qu'un gouvernement du Québec changeait d'avis et rejetait ce qu'il avait commencé par accepter. Moins de deux ans plus tard, Trudeau, toujours farouchement opposé au statut particulier, remplaçait Favreau comme ministre de la Justice.

Au cours de son premier mandat, Trudeau fit un effort important pour sortir de l'impasse constitutionnelle. Lors d'une rencontre des premiers ministres à Victoria en juin 1971, il proposa le rapatriement de l'AANB, une déclaration des droits limitée, un statut officiel dans la Constitution pour le français et l'anglais et une formule d'amendement compliquée conçue pour assurer et au Québec et à l'Ontario un droit de veto sur tout changement constitutionnel. Ces propositions d'envergure visaient à intégrer le Québec et la communauté francophone au Québec et hors Québec dans la version Trudeau du fédéralisme canadien à la Henri Bourassa. De cette façon, Trudeau espérait mettre définitivement fin aux exigences de statut particulier. Les choses tournèrent autrement, même si le compromis initial paraissait prometteur. Pour la première fois, le Québec et l'Ontario allaient avoir un droit de veto absolu sur tout changement constitutionnel, ce qui les mettait au-dessus des autres provinces. Et le français allait recevoir un statut égal à l'anglais. Après trois jours de négociation, les onze gouvernements tombèrent d'accord; quand le Premier ministre du Québec Robert Bourassa rentra chez lui, il fut accueilli par une tempête de protestations de la part des nationalistes. Le Québec n'obtenait pas assez, déclaraient ses opposants. Bourassa se ravisa et commença à parler de «souveraineté culturelle» et d'un «marché commun canadien». Ayant tué la Charte de Victoria, Bourassa se mit à courtiser les autres premiers ministres dans l'espoir qu'ils le soutiendraient pour demander un contrôle provincial commun sur toutes les politiques sociales. C'était la deuxième fois qu'un gouvernement du Québec donnait son accord à une réforme constitutionnelle, pour ensuite faire volte-face sous la pression de nationalistes extrémistes et demander alors le soutien de premiers ministres assoiffés de pouvoir. Un pli était pris. À l'évidence, le fait que la Charte de Victoria octroyait un statut particulier à deux provinces n'était pas suffisant pour le Québec.

Trudeau ne se désintéressa jamais des problèmes constitutionnels, mais rien ne fut, ou ne put être, accompli avant que le PQ ait
tenu son référendum du printemps 1980. (Le seul résultat probant —
si l'on peut en parler ainsi — qu'obtint Trudeau sur le front de l'unité
nationale entre son élection en 1968 et le référendum de 1980 fut la
Loi sur les langues officielles de 1969, un rejeton de la Commission
sur le biculturalisme et le bilinguisme. La loi déclarait le
gouvernement fédéral officiellement bilingue et faisait de la protection
et de la préservation du bilinguisme une priorité pour Ottawa.) Après
tout, discuter de quoi que ce soit d'autre ne présentait aucun intérêt si
le Québec décidait de partir de son côté. En demandant aux Québécois
le mandat de négocier la «souveraineté-association», Lévesque fit le
plus gros pari de sa vie politique et il le perdit. Quand les électeurs lui
refusèrent ce mandat, l'option séparatiste rendit l'âme, pour un temps.
Restait la question de savoir comment lui — un séparatiste avéré —
jouerait le jeu constitutionnel de Trudeau.

Le référendum de 1980 conduisit directement au rapatriement
constitutionnel de 1982 et à l'Accord du lac Meech. Toutes sortes de
choses ont été écrites à propos du référendum et des promesses faites
au Québec par Trudeau durant la campagne. Certains prétendent que
Trudeau brandissait l'éventualité d'un statut particulier pour le Québec
pour essayer de convaincre les Québécois de voter *non**, mais c'est
tout simplement faux. Cette promesse est censée avoir été faite par
Trudeau dans un discours qu'il prononça devant un auditoire massé au
centre Paul-Sauvé à Montréal, le 14 mai 1980, et au cours duquel il
déclara: «Je prends l'engagement solennel que si le «non» l'emporte,
nous prendrons immédiatement des mesures pour renouveler la
Constitution.» Mais Trudeau avait déjà rejeté la vision d'un Canada
avec statut particulier qu'épousait Claude Ryan, le chef du Parti libéral
du Québec, comme en fait il avait rejeté le statut particulier durant
toute sa vie. Pour Trudeau, une constitution renouvelée signifiait une
constitution rapatriée, faite au Canada, incorporant une charte des
droits qui protège les libertés individuelles et des clauses garantissant
le caractère biculturel et bilingue du Canada. C'est tout ce qu'il était
prêt à concéder au nationalisme québécois; c'est tout ce dont les

Québécois avaient, selon lui, besoin ou qu'ils pouvaient désirer. C'est une tromperie pratique pour les tenants du statut particulier, y compris le Premier ministre Mulroney, de proclamer que l'Accord du lac Meech était une tentative honnête de se libérer d'une dette que Trudeau avait contractée envers les Québécois ce soir de mai à Montréal et dont il ne s'était pas acquittée.

Dès que les résultats du référendum furent connus, Trudeau s'occupa de mener à terme le processus de rapatriement. Au départ, il était prêt à faire cavalier seul si nécessaire, mais la Cour suprême déclara qu'une approche directe de Londres par Ottawa seulement (en réalité l'Ontario et le Nouveau-Brunswick soutenaient Trudeau), tout en étant légale au sens strict, serait contraire à l'usage. Trudeau fut obligé de négocier un accord avec les provinces; l'Acte constitutionnel de 1982, avec sa formule d'amendement et sa Charte des droits et libertés, en résulta. René Lévesque refusa son accord à l'entente conclue à Ottawa à l'automne 1981, c'est pourquoi la signature du Québec ne figure pas sur la Constitution actuelle du Canada. L'Accord du lac Meech était censé remédier à cette omission, bien que la Constitution s'applique à tout le Canada, Québec compris, malgré l'absence de la signature de Lévesque.

Il a souvent été dit pendant le débat du lac Meech que rien n'aurait pu convaincre Lévesque de signer l'arrangement constitutionnel conclu à Ottawa à l'automne 1981 parce qu'il demeurait un séparatiste, référendum ou non, et qu'il n'était pas dans son intérêt de conclure un accord avec le reste du Canada. Ce n'est qu'à moitié vrai. Jusqu'à la dernière nuit des négociations, les propositions des provinces incluaient une clause permettant à une province de se soustraire à tout amendement constitutionnel futur qui donnerait à Ottawa le pouvoir de légiférer dans un domaine ayant été auparavant du ressort des provinces et de recevoir des compensations comme si elle y avait participé pleinement. La proposition spécifique venait de l'Alberta, bien que Claude Morin ait le premier avancé cette idée en 1964. Quand l'accord final fut conclu aux toutes premières heures du 5 novembre 1981, Ottawa et neuf des provinces se mirent d'accord pour abandonner cette idée de compensation fiscale. Lévesque refusa cependant et resta tout seul dans son coin. Pour lui, les compensations fiscales avaient toujours été une clé pour le statut particulier du Québec:

> Le droit de se soustraire... est d'après moi une arme bien
> plus efficace (que le veto), tout à la fois plus flexible et
> plus dynamique. «Vous voulez vous engager dans telle
> ou telle voie que nous ne sommes pas prêts à suivre?
> Très bien mes amis, allez-y. Mais sans nous.» Petit à
> petit nous pourrions créer de la sorte quelque chose qui
> ressemblerait beaucoup à un pays.

En d'autres termes, Lévesque aurait peut-être signé un accord constitutionnel à l'automne 1981, mais seulement si celui-ci avait contenu la seule clause qu'il pensait pouvoir utiliser pour parvenir à faire sortir le Québec du Canada. Puisque la version finale de l'Acte constitutionnel ne pouvait conduire le Québec ni vers un statut particulier ni vers l'indépendance, Lévesque ne pouvait y souscrire.

L'Accord du lac Meech de 1987 aurait fait dans la Constitution canadienne une niche pour le statut particulier du Québec. Il ranimait aussi «le retrait avec compensation» qui avait été abandonné à l'automne 1981. Pour amener le Québec à signer cette Constitution, Mulroney endossait l'idée d'un statut particulier pour le Québec. C'était la première fois dans l'histoire canadienne qu'un Premier ministre le faisait. Puisque les autres provinces recevaient aussi presque tout ce qui était accordé au Québec, elles aussi étaient d'accord. Parce que John Turner avait une occasion de faire un pied de nez à Trudeau tout en essayant de renchérir sur les conservateurs nationalistes du Québec, il embarqua aussi. À la suite de la tentative désespérée faite par Broadbent pour percer au Québec, le NPD rejoignit la cabale. Ainsi, à l'automne 1987, les conservateurs fédéraux au pouvoir, les libéraux et les néo-démocrates de l'opposition ainsi que les premiers ministres des dix provinces en étaient venus à soutenir l'idée d'un statut juridique particulier pour le Québec, déguisé en lac Meech. Le génie était sorti de la lampe; le Canada comme nous le connaissons voyait le début de sa fin.

4

REQUÊTE
EN DIVORCE

On ne compte plus le nombre de fois où le Premier ministre du Québec, le chef du Parti québécois, des journalistes de Radio-Canada et le Premier ministre Mulroney lui-même ont déclaré que chaque clause de l'Accord du lac Meech était sacro-sainte, en particulier la clause sur la société distincte, et que l'entente représentait tout juste les conditions minimales que la province de Québec était disposée à accepter. Tout le monde savait qu'en langage codé à la Mulroney cela voulait dire «les Français du Québec». Plus précisément, c'était le minimum que les nationalistes du Québec disaient vouloir accepter pour le moment. Mais les Canadiens étaient plus perspicaces. Quand l'entente s'effondra dans l'allégresse générale du reste du pays, les raisons précises — des procédures parlementaires de l'Assemblée législative du Manitoba au style personnel du Premier ministre Mulroney — n'avaient plus beaucoup d'importance. Seule comptait la manière de ressentir les choses. Et les nationalistes du Québec se sentaient insultés, exclus et rejetés. Ils avaient le sentiment qu'ils avaient fait d'énormes concessions et que leur flexibilité et leur prudence avaient été méconnues. Ils avaient sacrifié leurs intérêts et leurs vraies aspirations pour le bien du Canada et celui-ci leur avait répondu d'un soufflet au visage. Ils avaient accepté de donner au fédéralisme une dernière chance et ils avaient essuyé une rebuffade. Aussi étaient-ils indignés et furieux. Et ils le sont encore.

Pour leur part, les Canadiens étaient perplexes. Ils mirent du temps à comprendre les répercussions de cet échec. Le Québec était en colère et blessé; ça, les Canadiens le savaient. Il était en colère et blessé parce que ses exigences minimales s'avéraient un trop gros morceau à avaler pour le Canada; ça les Canadiens le savaient aussi. Ils étaient pourtant perplexes parce qu'ils avaient suivi la logique de la position des nationalistes du Québec et qu'ils en étaient arrivés à la conclusion qu'il était plus facile d'accepter leurs exigences maximales que leurs exigences minimales. À savoir que l'indépendance, que chacun savait être l'exigence maximale, était préférable à un statut juridique particulier. La lumière ne se fit pas d'un seul coup et beaucoup de politiciens ne l'ont toujours pas vue, mais telle est la conséquence logique des positions du Canada et du Québec. L'effondrement du lac Meech signifiait donc que les Canadiens et les Québécois devaient envisager l'option d'un Québec quittant le Canada. Ils l'ont fait et n'ont pas été terrifiés par ce qu'ils ont vu. Des nationalistes québécois sérieux y virent une occasion d'arrêter le petit jeu stupide consistant à menacer de s'en aller; les Canadiens, celle de sortir de l'interminable impasse constitutionnelle. En d'autres termes, une fois qu'il fut clair que les exigences minimales de statut particulier du Québec étaient inacceptables pour les Canadiens, les mandats concernant tout le marécage constitutionnel changèrent pour toujours. Comme nous l'avons dit à la fin du précédent chapitre, le génie était sorti de le lampe et ne pourrait plus jamais y revenir.

Les options sont à présent plus claires qu'elles ne l'ont jamais été. Le titre du livre écrit en 1965 par Daniel Johnson, *Égalité ou Indépendance*, posait l'alternative en termes on ne peut plus clairs. Le mythe de la dualité reposait sur l'hypothèse d'une égalité entre les Français et tous les autres — étiquetés simplement comme «les Anglais». Mais il ne reste plus grand monde pour croire à ce mythe pour la simple et bonne raison qu'il ne correspond aucunement à la réalité telle que l'éprouve quotidiennement l'écrasante majorité des Canadiens et des Québécois. Les vieux mythes ont la vie dure, surtout pour ceux auxquels ils semblent profiter. Des voix s'élèveront pour nous conjurer de revenir au statu quo de l'avant-Meech. Elles conseilleront aux Canadiens de faire comme si le lac Meech n'avait jamais existé. Elles nous diront de faire comme si le génie n'existait pas. Beaucoup de nos politiciens trouvent sans aucun doute cette position agréable.

Mais ils seront vite dépassés par les événements. Il est très clair que nous ne pouvons pas revenir en arrière. Les prémisses voulant une égalité entre Français et «Anglais», ou même entre les gouvernements d'Ottawa et de Québec, sont inacceptables pour le Canada, quoi qu'en disent les *bien-pensants** de Québec et d'Ottawa.

Le compromis entre nationalistes et fédéralistes est mort. La seule option qui reste est l'indépendance. Le gouvernement du Québec l'a bien entendu admis — non pas directement, mais sans bruit, dans le mandat de la commission Bélanger-Campeau. Le but de l'exercice est de réfléchir aux différentes relations envisageables dans le futur entre le Canada et le Québec. Cela n'aurait aucun sens s'il y avait la moindre possibilité de revenir au statu quo. Mais il n'y en a aucune.

Alors, que devons-nous penser des agissements du gouvernement canadien? On dirait vraiment qu'il donne la sérénade pendant que Rome brûle. Et comme l'a déjà dit Léo Strauss d'un autre groupe de temporisateurs, les politiciens ont deux excuses: ils ne savent pas qu'ils donnent la sérénade et ils ne savent pas que Rome brûle. Quelle autre explication donner à la mise sur pied du comité itinérant présidé par Keith Spicer? Bélanger-Campeau partait de l'hypothèse d'une souveraineté de fait et de relations bilatérales entre le Québec et le Canada. La réponse du Premier ministre Mulroney fut d'inviter M. Spicer à prendre la route et à aller voir quels maux affligeaient la nation. L'ancien patron du CRTC et ancien commissaire aux Langues officielles partit pour Inuvik. Après tout, expliquait-il, c'est là que commence le pays. Jack Webster, un autre commissaire, eut le bon sens de se retirer avant que sa réputation ne fût ternie de manière irréparable.

Peut-être que le Gouvernement ne donne pas la sérénade. Mais alors que faut-il penser quand on le voit se mettre à traiter bilatéralement avec le Québec des questions qui sont aussi clairement nationales que l'immigration? Peut-être croit-il encore à la dualité. Peut-être ne sait-il sincèrement pas quoi faire. Peut-être ne sait-il vraiment pas de quelle humeur est le pays, au-delà du petit monde où, selon l'expression de Don Braid, le soleil se lève sur le château Laurier et se couche sur la Cour suprême. Mais nous en doutons.

La simple existence du caucus québécois et la nécessité, pour les membres de l'élite bureaucratique et politique de ce pays, de préserver leur poste seraient une explication plus évidente. Pour tous ces fonctionnaires, l'indépendance du Québec serait un désastre personnel. Mis à part les nationalistes du Bloc québécois, qu'adviendrait-il des rangs serrés des parlementaires fédéraux québécois? Où Brian Mulroney pourrait-il se présenter ailleurs au Canada? Où pourrait-il être élu? Ce sont des problèmes urgents et pressants pour un député élu au Québec. Ils le sont à peine moins si l'on est sous-ministre, sous-ministre adjoint ou mandarin du même style à Ottawa et que l'on vienne du Québec. Que va-t-il advenir de votre carrière de fonctionnaire quand la fonction publique canadienne aura cessé d'employer des citoyens de l'État du Québec? Pouvez-vous vraiment remettre votre avenir entre les mains du Parti québécois? Voulez-vous vraiment être un fonctionnaire du Québec? Même des bureaucrates fédéraux anglophones de haut rang auraient matière à regrets: toutes ces années gaspillées à apprendre le français afin d'obtenir une prime au bilinguisme!

En bref, il est de l'intérêt de tous les Québécois à Ottawa de garder le Québec au sein du Canada. S'ils croient vraiment au mythe de la dualité, nous ne pouvons que nous excuser d'avoir fait voler leurs rêves en éclats. Nos remords s'atténuent cependant quand nous constatons, qu'ils y croient ou non, que c'est un mythe qui les a très bien servis et a très mal servi le reste du pays. Parce que les intérêts de quelques gens très puissants, dans la capitale de la nation, sont en jeu, le reste du pays devrait se préparer à une énorme avalanche de sornettes et de grossièretés. Nous pouvons nous attendre à nous faire dire, d'ici peu, que garder leur emploi à ces fonctionnaires très instruits, hautement qualifiés et bilingues est dans l'intérêt de la nation, et même constitue l'intérêt de la nation lui-même. En fait, nous avons déjà entendu tout cela: sans le Québec, le Canada est perdu; sans le Québec, le pays tout entier va se retrouver dans le caniveau. Nous pouvons aussi nous attendre à apprendre que notre grandeur tient à notre bilinguisme officiel et au français sur nos boîtes de céréales. Nous sommes sûrs d'entendre tellement parler de l'importance de l'unité nationale que même les esprits simples qui y croient seront embarrassés par la seule ampleur de ces boniments. Hélas, rien de tout cela ne sera vrai. Heureusement, on n'en croira pas grand-chose.

Que faut-il faire, alors? Revenons à l'alternative de Daniel Johnson: l'égalité ou l'indépendance. Le fiasco du lac Meech nous a appris que l'indépendance ou quelque chose qui y ressemblerait — un statut particulier pour le Québec — est inacceptable pour le Canada. Comme nous l'avons déjà soutenu, cela créerait deux classes de citoyens et deux classes de gouvernements et ce serait une menace fondamentale pour les fondations de la démocratie libérale dans ce pays. La prétendue option de faire semblant que rien n'a changé revient simplement à nous mentir à nous-mêmes, et équivaut à créer un monde de rêve qui se dissout au moindre contact avec la réalité. Ce qui nous ramène à l'indépendance. L'image du divorce vient alors à l'esprit.

Nous savons tous que le mariage peut échouer. Certains d'entre nous savent que le divorce aussi peut échouer. Quand il est amer et traîne en longueur, seuls paraissent en bénéficier les avocats et les juges, et peut-être les psychiatres et les travailleurs sociaux qui s'occupent des conséquences personnelles et sociales. Nous n'avons aucun désir de fournir des clients aux gens de loi et aux professionnels des prétendus services d'aide. Nous voulons un divorce qui marche, une séparation calme et définitive sans fil à la patte ni détail en souffrance. Il n'y a pas de coaccusés et personne n'a triché beaucoup. Le Québec trouve intolérable de continuer à faire partie du Canada et souhaite partir. Des «incompatibilités de caractères» existent entre les deux parties et le Québec présente donc une requête en divorce. Le Canada ne devrait pas s'y opposer par les armes ni devant les tribunaux. Le maintien du Québec dans le Canada ne fait honneur ni à l'un ni à l'autre et fait le malheur des deux.

Ce qui suit est une proposition. Elle ne peut être que spéculation. Nous ne nous attendons pas à ce que le processus que nous indiquons ici soit suivi dans ses moindres détails. Mais, d'une manière générale, quelque chose de ce genre devra se produire ou nous aurons alors à faire face à de bien pires solutions, y compris le conflit armé. Les Canadiens comme les Québécois doivent se mettre à réfléchir aux problèmes en cause. Et même si la réflexion que nous proposons ici n'est ni complète ni tout à fait claire, c'est un début. Nous faisons confiance à nos concitoyens et à nos futurs ex-concitoyens pour signaler à temps nos erreurs.

Principes et précédents

Nous pourrions commencer par nous demander si l'image du mariage et du divorce est vraiment appropriée. Premièrement, qui s'est marié? Qui divorce? Et comment? Beaucoup de Canadiens ont moins envie de sauver le mariage que de s'assurer d'un partage équitable des biens. Qui garde la maison? Qui garde les actions IBM? Qui garde le chalet du lac Meech?

Certains des représentants du Parti québécois semblent penser que le Canada anglais et le Canada français sont les parties du divorce. Mais nous avons déjà montré plus d'une fois que l'image de la dualité et des deux races ou des deux peuples fondateurs est une fiction. Ceci met à rude épreuve la notion voulant que les Canadiens anglais et les Canadiens français puissent se mettre d'accord peu ou prou pour dissoudre le pacte de la Confédération, le contrat de mariage de l'analogie. Ne mâchons pas nos mots: comme il n'y a pas eu de contrat pour commencer, il ne peut y avoir de successeurs à des signataires qui n'ont pas existé.

Nous savons que ce qui ressemblerait à un divorce entre des parties d'un pays n'est pas courant dans l'histoire récente. Il y a une bonne raison à cela. Quand deux personnes veulent dissoudre un mariage légal, il leur faut suivre une procédure qui est claire et ne souffre d'aucune ambiguïté juridique. Il n'y a qu'à demander à n'importe quel avocat: un mariage légal peut être dissous légalement parce que tant le mariage que le divorce sont régis par la loi. Il n'y a pas d'équivalent juridique évident qui régisse l'association ou la dissociation de corps politiques.

Nous pouvons cependant clarifier le problème grâce à quelques principes et exemples historiques. Commençons par le principe d'autodétermination et par voir si le droit international permet aux Français du Québec d'y avoir recours en toute légitimité.

Le droit à l'autodétermination est le droit pour des groupes nationaux cohérents — des «peuples» — à choisir eux-mêmes une forme d'organisation politique et à déterminer leur relation à d'autres groupes. Puisqu'un groupe national *cohérent*... habitera un territoire à peu près bien défini, le droit à l'autodétermination implique aussi le droit d'un peuple habitant un territoire à déterminer le statut juridique et politique de ce territoire. Un peuple peut, par exemple, souhaiter établir son propre État, s'associer en fédération ou s'incorporer à un autre État. Le principe fit son apparition après la Première Guerre et fut sporadiquement appliqué lors des accords qui suivirent le conflit. Le Traité de Versailles de 1919, par exemple, contenait une clause prévoyant un plébiscite en Haute-Silésie pour déterminer si celle-ci devait faire partie de la Pologne ou de l'Allemagne. Il fallut cependant attendre la fin de la Deuxième Guerre, et l'inclusion de ce principe dans la Charte de l'ONU, pour que le droit à l'autodétermination et celui à l'autogouvernement qui l'accompagne jouent un rôle quelconque en droit international.

Même s'il est entendu que les principes d'autodétermination et d'autogouvernement sont en soi justes et fondés, il n'en découle pas automatiquement qu'ils s'appliquent aux habitants français de la province de Québec. L'article 73 de la Charte des Nations Unies justifie le droit à l'autogouvernement, mais il n'a été appliqué qu'à des colonies des puissances européennes ou à des «provinces d'outre-mer» d'États européens qui étaient administrées comme des colonies. Goa, par exemple, était administrée comme une colonie alors que juridiquement c'était une province du Portugal; il fut quand même décidé, à juste titre, que l'article 73 s'y appliquait. Au contraire l'Irlande du Nord, dont le statut juridique est similaire à celui de Goa, ne fut jamais considérée comme relevant de l'article 73. Et puisque la province de Québec jouit au Canada de compétences juridiques bien plus importantes que celles de l'Irlande du Nord au Royaume-Uni, il paraît bien peu vraisemblable que l'article 73 puisse être appliqué aux Français du Québec. Le même raisonnement vaut pour les autres résolutions anticoloniales de l'Assemblée générale.

Qui plus est, se fier aux déclarations de l'ONU est une arme à double tranchant. La Déclaration sur les principes de droit international et les relations cordiales (abrégée en Déclaration sur les relations cordiales) de 1970, dont on a parfois dit qu'elle s'appliquait aux Français de la province de Québec, déclare entre autres qu'«en vertu du principe de l'égalité des droits et de l'autodétermination inscrit dans la Charte des Nations Unies, tous les peuples ont le droit de déterminer librement leur statut politique». Tous les membres de l'ONU sont obligés de respecter ce droit. Le problème est le suivant: si les Français du Québec sont un «peuple» au sens de la déclaration, il en va alors de même des Anglais du Québec, pour ne pas mentionner les Cris, les Mohawks et les Inuit. Seule l'hypothèse injustifiée que le Québec serait juridiquement une province française permettrait d'invoquer ces principes des Nations Unies. Mais juridiquement, le Québec est une province du Canada. Sur le plan social, c'est une société pluraliste et non pas française. De ce fait, les principes annexes des Nations Unies concernant l'intégrité territoriale des ex-colonies qui réussissent à exercer leur droit à l'auto-détermination ne s'appliquent pas non plus.

C'est une considération importante et ses conséquences doivent être bien claires. Premièrement, un État du Québec indépendant ne serait pas une ex-colonie du Canada. Son statut d'ex-colonie de la France n'a aucun rapport avec la question. Lorsque les habitants d'une colonie exercent leur droit à l'autodétermination, l'usage maintenant reconnu veut qu'ils se constituent en État indépendant. De même, une puissance coloniale garde la souveraineté jusqu'à ce qu'elle autorise les gens de la colonie à utiliser ce droit. Quand ils le font et que la colonie devient indépendante, elle reprend les frontières de l'ancienne puissance coloniale même si elles ne lui conviennent pas. La raison pour laquelle la disposition des frontières après la décolonisation n'est pas, en général, entièrement satisfaisante tient à ce que les frontières d'avant l'indépendance entrent souvent en conflit avec le principe de l'autodétermination en divisant artificiellement un groupe ethnique et culturel. Les Français hors Québec du Canada illustrent bien ce phénomène. Le principe mis en œuvre lors de la décolonisation est cependant différent; c'est-à-dire que, dans la pratique comme dans le droit international, le principe de la succession automatique de la souveraineté l'emporte sur le principe de l'autodétermination.

Nous ne croyons pas, par conséquent, que les précédents datant de la décolonisation s'appliquent à la sécession de l'État du Québec. Pas plus, *a fortiori,* que ne s'appliquent les résolutions de l'Assemblée générale concernant les guerres de libération nationale. Elles ont été contestées par les pays occidentaux, y compris le Canada, et furent adoptées grâce à une majorité composée d'États communistes et d'États d'Asie et d'Afrique. Ces résolutions ne s'appliquent aucunement à un Québec se séparant du Canada dans la paix et la légalité.

Pour ces raisons et d'autres du même ordre, le Pr Jacques Brossard, l'expert constitutionnel *péquiste** le plus en vue, a rejeté les quelques résolutions de l'ONU sur l'autodétermination dans le cadre de la décolonisation du fait qu'elles ne s'appliquent pas au Québec. Nous sommes d'accord. D'après le droit international, donc, nous maintenons qu'il n'y a pas d'outil pour guider la transition de la province de Québec vers l'indépendance. En principe, les Français du Québec ne sont pas le moindrement fondés à revendiquer un État indépendant. Aucune des déclarations d'après-guerre de l'ONU contre le colonialisme n'est pertinente. En particulier, la Déclaration sur les relations cordiales de 1970 ne reconnaît aucune obligation pour les États existants d'accorder à des minorités ethniques leur propre État en partageant l'État existant. Bien au contraire, elle réaffirme l'intégrité territoriale et l'unité politique des États existants. Les aspirations des Français pourraient être en partie reconnues d'après le droit international si les droits de l'homme leur étaient déniés systématiquement, mais cette reconnaissance n'aurait qu'une valeur politique. Elle n'aurait aucune valeur juridique. Tant que le Canada ne pratique pas une discrimination systématique reposant sur la race, la croyance ou la couleur, le droit international ne reconnaît aucune exigence légitime de sécession. Et, en fait, si le gouvernement du Canada pratique une discrimination, elle joue *de facto* en faveur des Français, car elle résulte de l'application de la politique de bilinguisme officiel. Quoi qu'il arrive, le sens évident des résolutions de l'ONU assignerait explicitement tout problème d'autodétermination ethnique aux processus politiques et constitutionnels internes du Canada.

D'autres précédents historiques concernant la création d'États par le biais de sécessions pacifiques ne nous aident pas plus, bien qu'il existe certaines similitudes superficielles. En 1905, par exemple, la Norvège obtint son indépendance de la Suède; en 1960, le Sénégal et le Mali se séparèrent; en 1965, Singapour quitta la fédération de la Malaisie. Si nous nous penchons cependant un peu plus sur les détails et les conditions de ces exemples, nous voyons qu'ils ont peu de rapports avec nos difficultés actuelles. L'union de la Norvège et de la Suède réunissait deux royaumes sous l'autorité d'un seul souverain. Le Mali était une fédération d'États souverains et avait donc le droit de faire sécession à volonté. L'exemple de Singapour est le plus prometteur pour le moment puisque l'île, distincte sur les plans ethnique et culturel, fut invitée à se séparer par le gouvernement fédéral malaisien. À la différence du Québec, cependant, Singapour était nettement plus prospère que le reste de la fédération. Qui plus est, elle avait appartenu à la fédération pour une période comparativement courte de deux ans. De plus, l'article 17 de la constitution soviétique contient des clauses permettant à une république quelconque de se séparer de l'URSS. Aucune ne l'a fait au moment où nous écrivons ces lignes.

La conclusion que nous voudrions tirer de ces témoignages du vaste monde est que nous ne pouvons compter que sur nous-mêmes. La raison politique n'est pas un grand mystère. Habituellement, les États qui sont reconnus comme indépendants par les autres États répugnent à autoriser une partie de leur population et de leurs territoires à faire sécession parce que celle-ci entraînerait inévitablement une diminution de la richesse, des ressources et de la puissance de l'État unifié. Ainsi diminué, l'État successeur disposerait d'un profil international réduit et exercerait une influence moins grande sur les affaires internationales, jouirait d'un niveau de vie inférieur, etc. Il arrive à l'occasion que des États s'opposent aux mouvements sécessionnistes car ils impliqueraient l'apparition d'un voisin hostile à ses nouvelles frontières réduites.

Aucune de ces raisons ne joue au Canada, dans la sécession du Québec. En mettant un terme au coûteux gaspillage que sont le bilinguisme officiel et plus particulièrement le transfert actuel de richesses du Canada vers le Québec, les citoyens du Canada deviendraient sans aucun doute plus riches et non moins riches. Les citoyens du Québec prospéreraient aussi, nous l'espérons, sous le nouveau régime. Nous ne voyons d'autres perdants que la poignée de fonctionnaires qui administrent ces politiques malencontreuses. Il est vrai que le Canada perdrait un peu de son potentiel de base et de sa population. Mais les ressources sont largement sous la juridiction des provinces de toute façon. La perte de la population du Québec n'entraînerait vraisemblablement pas de perte de marchés ni de perte de puissance, ce qui est plus important. Au contraire, le Canada et le Québec en sortiraient en quelque sorte plus unis. La sécession du Québec mettrait un terme à une série de conférences débilitantes et sans espoir qui essaient de résoudre la quadrature du cercle constitutionnel. La puissance n'est pas un produit figé et un pays peut devenir plus puissant sans que ce soit au détriment d'un autre qui le deviendrait moins. Et le Canada et le Québec en sortiraient plus puissants parce que tous deux auraient abandonné le seul aspect de leur cohabitation qui les affaiblisse tous deux — l'impossibilité de trouver une formule juridique qui rende compte d'une contradiction sociale et politique réelle. La loi peut être bien des choses et elle peut supporter une bonne dose d'ambiguïté. Elle ne peut cependant se contredire comme elle le fait aujourd'hui: le Québec ne peut faire partie d'un pays qui consacre les principes de la démocratie libérale tout en restant fidèle à sa vision nationaliste. S'il devenait un pays indépendant, toutefois, les tensions entre le nationalisme québécois et la démocratie libérale devraient s'estomper, même si elles ne disparaissaient pas entièrement. Pour rappeler ce que nous avons déjà dit: nous nous attendons vraiment à ce qu'un Québec indépendant soit une démocratie libérale et nous l'espérons réellement. Nous pensons que les torts causés à la démocratie libérale à la fois au Québec et au Canada sont dus dans une large mesure au régime constitutionnel impossible dont nous sommes affligés actuellement. Séparés, nous avons la possibilité de nous épanouir; ensemble, le mécontentement de tous ne peut que croître.

Comme nous l'avons dit, le droit international, l'usage international et les résolutions anticoloniales de l'ONU ne nous sont quasiment d'aucun secours pour définir la procédure de séparation. Si nous nous tournons vers le droit constitutionnel canadien, nous ne nous étonnerons pas que nulle part ne soit envisagée la sécession d'une province. Tout au contraire, la plupart des sections pertinentes de la Constitution concernent l'ajout de provinces et non leur retrait. L'AANB de 1871, par exemple, donne au parlement du Canada les pouvoirs d'établir de nouvelles provinces «dans tout territoire faisant partie du Dominion du Canada mais n'étant pas encore inclus dans une province» (art. 2). Le Parlement a aussi les pouvoirs d'«agrandir, diminuer ou changer d'autre manière» les frontières d'une province, mais seulement «aux modalités qui pourront être acceptées» par l'assemblée législative de cette province. Le but de ces clauses, comme l'explique le préambule, était d'ôter tout doute quant à la capacité du Parlement de créer ou d'établir de nouvelles provinces sur la terre de Rupert et dans les Territoires du Nord-Ouest. Le territoire qui était en fait concerné s'étendait de la ligne de partage des eaux de la baie d'Hudson à l'océan Arctique et, vers l'ouest, de la ligne de partage des eaux des Grands Lacs à la Colombie-Britannique. Sur la base de cet acte, de larges *tranches** de la terre de Rupert furent ajoutées au Québec en 1898 puis encore en 1912. Il n'y a dans l'Acte de 1871 ou dans la législation agrandissant les frontières du Québec aucune référence aux conséquences d'une sécession.

Une autre tactique consisterait à considérer la sécession du Québec comme un simple changement dans la disposition des frontières et pour lequel la Constitution prévoit des dispositions. Les articles 42 et 43 de l'Acte constitutionnel de 1982 pourraient fournir des formules juridiques prometteuses. Mais même alors il nous faudrait étendre largement le sens apparent de ces articles. L'article

42 (1) énumère six sujets qui peuvent être amendés en accord avec la procédure générale d'amendement de l'article 38 (1). Cette procédure exige l'accord de deux tiers des provinces comprenant 50 % de la population pour qu'il puisse y avoir un amendement à la Constitution. C'est ce qu'on appelle d'habitude la formule 7-50 (sept provinces, 50 %). Le paragraphe (f) dit que «nonobstant toute autre loi ou usage, l'établissement de nouvelles provinces» peut être entrepris selon les clauses 7-50. Mais, puisque le paragraphe (e) régit l'extension de territoires existants en nouvelles provinces, le paragraphe (f) doit concerner soit l'établissement de nouvelles provinces par le regroupement de provinces existantes, comme ce fut parfois suggéré pour les provinces de l'Atlantique, ou l'établissement de nouvelles provinces par la partition de provinces existantes.

En ce qui concerne la réunion de provinces existantes en une province plus grande, la procédure devra aussi tenir compte des clauses de l'article 43 (a) qui indiquent que «tout changement aux frontières entre provinces» doit être soumis à l'approbation du Parlement et de «l'assemblée législative de chaque province concernée par le changement». S'il s'agissait d'un changement de frontière non plus entre provinces mais entre une province et les États-Unis, on peut supposer que ce changement tomberait sous le coup des clauses 7-50 de la procédure générale d'amendement de l'article 38 (1). Il n'y aurait pas dans ce cas de changement aux frontières entre des provinces mais à celles d'une province seulement. Le même raisonnement devrait permettre d'établir une nouvelle province à l'intérieur des frontières d'une province existante, si cela peut être fait de manière à respecter les frontières de toute autre province. Si cette interprétation est correcte, on pourrait créer une province du sud de la Colombie-Britannique continentale, du Toronto métropolitain ou, bien sûr, de la basse Côte-Nord au Québec en utilisant la procédure générale d'amendement. Celle-ci pourrait aussi être utilisée pour établir le nombre des sénateurs, voire des députés. Qui plus est, on pourrait le faire *sans le consentement* de la province concernée, pour autant que soient satisfaites les conditions de l'article 38 (1).

Malheureusement, ce moyen détourné légal ne pourrait être utilisé pour le besoin spécifique de trouver un moyen légal de parvenir à l'indépendance du Québec en respectant la procédure constitutionnelle établie. Toute modification des frontières de la province, sauf pour une partie du Bas-du-Fleuve et des Cantons de l'Est, requerrait l'assentiment des provinces voisines de Terre-Neuve, du Nouveau-Brunswick et de l'Ontario. Il n'y a rien dans la Constitution qui envisage la possibilité de changer une frontière provinciale commune quand une des provinces s'y oppose. Nous avons toutes les raisons de penser que, pour une raison ou pour une autre, les gouvernements provinciaux (y compris celui de la province de Québec) soulèveraient de telles objections. En un mot, la Constitution n'envisage pas la possibilité d'une sécession.

Il faut alors recourir à une procédure extraconstitutionnelle. C'est un pas très sérieux à franchir car il revient presque à la création ou à la recréation révolutionnaire d'un régime. Non seulement personne n'a jamais eu recours à cette pratique dans toute l'histoire du Canada, mais encore une bonne partie de notre histoire a été consacrée à rejeter de telles pratiques. Les Canadiens se sont donné beaucoup de peine pour inscrire leur Constitution dans la continuité avec les lois anciennes de la Grande-Bretagne. Certains Canadiens sont allés jusqu'à considérer cette tradition juridique comme l'un des traits importants qui permettaient de différencier leur culture politique de celle des États-Unis. Mais, en l'absence de procédure judirique nationale ou internationale, il semble que nous n'avons pas d'autre choix que d'inventer la nôtre.

La procédure

En l'absence de lignes directrices juridiques ou constitutionnelles sur lesquelles tous s'accordent, nous proposons une procédure en trois étapes par laquelle le Canada accepterait l'indépendance du Québec. Dans un premier temps, l'Assemblée nationale du Québec se déclarerait *de facto* gouvernement de l'État du Québec. Le Canada reconnaîtrait alors immédiatement *de facto* l'État du Québec. Puis commenceraient les négociations pour résoudre les différends importants en suspens, à la suite de quoi le Canada accorderait une reconnaissance *de jure* à l'État du Québec et établirait avec lui des relations diplomatiques. Une autre solution à la distinction quelque peu désuète entre *de facto* et *de jure* serait d'établir dans le deuxième temps des «tractations» ou des *relations officieuses** avec les autorités du Québec avant d'établir des relations diplomatiques.

En ce qui concerne cette procédure, une chose au moins est bien claire: le Québec ne peut pas négocier son indépendance et sa souveraineté, il ne peut que les déclarer. Il est évident que la négociation de la souveraineté ressemble à s'y méprendre à un coup de bluff. Par contre, une déclaration indique pour le moins au gouvernement et aux citoyens du Canada que le Québec prend l'indépendance au sérieux et n'a aucune envie de poursuivre par d'autres moyens un fédéralisme souple. C'est le fédéralisme souple qui nous a conduits au bourbier dans lequel nous sommes; un fédéralisme encore plus souple transformerait le bourbier en sables mouvants. Comme nous l'avons déjà dit, la souveraineté et l'indépendance peuvent seulement être des buts, non pas des stratagèmes de négociation ou des menaces. Une déclaration d'indépendance est la seule procédure à la mesure de la dignité des Français d'Amérique du Nord. Voyons alors quels problèmes se posent. Un fédéralisme renouvelé ne peut plus être envisagé.

Les critères établissant le statut d'État qui sont en général reconnus par le droit et la coutume internationaux ont heureusement été définis en 1933 à Montevideo par la Conférence sur les droits et les devoirs des États. L'article 1 déclare qu'un État possède quatre attributs: une population permanente, un territoire défini, un gouvernement et la capacité d'entrer en relations avec d'autres États. Le critère de population permanente ne pose aucune difficulté: le Québec n'est pas une société nomade. Deuxièmement, un territoire défini ne requiert pas initialement de frontières fixes. Comme l'ont plaidé les États-Unis en 1948 pour soutenir leur demande d'admission aux Nations Unies pour Israël, bien des États commencent leur existence avec des frontières non encore établies. Ce fut le cas des États-Unis eux-mêmes et ce serait aussi celui de l'État du Québec, pour des raisons analogues. En d'autres termes, un des «différends importants» à régler avant d'établir des relations diplomatiques entre les deux pays serait le tracé de la frontière internationale les séparant.

L'État du Québec sera, nous le supposons, doté d'un gouvernement. On peut s'attendre à ce qu'il soit constitué par l'Assemblée nationale de l'ex-province de Québec et à partir de celle-ci. Ce gouvernement serait souverain et pourrait donc établir des relations avec les autres États. Les deux derniers critères de la Conférence de Montevideo sont intimement liés mais ne sont pas identiques. Le troisième, l'attribut de gouvernement, est en grande partie une question de souveraineté intérieure; le quatrième se préoccupe davantage des liens juridiques entre la nouvelle entité et les États existants et fait référence à la distinction entre *de facto* et *de jure* mentionnée plus tôt.

Le cas de la Rhodésie du Sud illustre la différence entre les troisième et quatrième critères. En tant que colonie britannique autonome avant 1965, la Rhodésie du Sud satisfaisait aux trois premiers critères d'un État: la population, le territoire et le gouvernement. En proclamant unilatéralement son indépendance, elle essayait clairement de satisfaire aussi au quatrième. À la suite d'une directive du Conseil de sécurité de l'ONU, tous les États membres de l'ONU, sauf l'Afrique du Sud, refusèrent d'établir avec elle des relations diplomatiques. La plupart des experts en droit international s'entendaient pour dire que la Rhodésie du Sud n'était pas un État, bien que leurs raisons pour ce faire fussent variables. En ce qui concerne le Québec, il faudrait que le Canada reconnaisse et le gouvernement et l'État. Reconnaître le premier serait reconnaître l'événement extraconstitutionnel dont aurait résulté le nouveau régime dans une ancienne province du Canada; reconnaître le deuxième reviendrait à reconnaître la personnalité internationale juridique du Québec et permettrait ainsi d'entreprendre de résoudre les différends importants et d'établir des relations diplomatiques complètes.

C'est typique des reconnaissances de gouvernements d'être accompagnées de difficultés et d'ambiguïtés quand un nouveau régime prend le pouvoir en dehors d'une constitution, que ce soit par la violence ou avec une aide étrangère. Nécessairement, l'État du Québec ne sera pas fondé dans la constitutionnalité, mais ceci ne devrait pas entraîner de conséquences trop graves. Les difficultés proviendront des conflits d'intérêts, de l'établissement des frontières, des principes d'association économique et autres. Et ces problèmes sont suffisamment graves pour qu'il ne soit pas dans l'intérêt du Canada d'accorder immédiatement une reconnaissance diplomatique complète au Québec. Cet usage est courant dans les affaires internationales quand un pays veut éviter d'endosser toutes les revendications d'un autre, mais ne peut éviter de reconnaître son existence. La reconnaissance prend alors deux aspects: le premier est, pour ainsi dire, objectif en ce que l'on reconnaît le nouveau régime comme le détenteur des pouvoirs de gouverner; le second dépend du comportement du nouveau régime et de choses telles que des garanties de démocratie interne, le respect du droit international, le respect des obligations des traités, le paiement des dettes internationales, le respect des droits de la personne et bien d'autres encore.

Le premier aspect a traditionnellement été assimilé à une reconnaissance *de facto*. On l'accorde à un gouvernement qui exerce un contrôle sur au moins une partie du territoire d'un État mais dont l'autorité est contestée. Un gouvernement *de jure* jouirait de toute la légitimité qu'on accorde au gouvernement légitime d'un État. C'est la raison pour laquelle nous proposons que le Canada reconnaisse immédiatement le Québec sur le premier mode et accorde la reconnaissance *de jure* quand les négociations sur les modalités de l'indépendance auront été menées à bien.

La négociation de l'indépendance

Accorder la reconnaissance *de facto* est une formalité. Nous sommes d'accord avec Winston Churchill quand il dit que «nous n'avons pas des relations diplomatiques pour faire un compliment mais par souci de commodité». La reconnaissance *de jure* établirait simplement que les différends initiaux importants dus à la division du Canada auraient été réglés.

Avant d'aborder ces difficultés et de parler de la position que, selon nous, le Canada doit prendre, nous devons d'abord indiquer quels sont les protagonistes dans ces négociations. Du côté du Québec, nous présumons que le même gouvernement qui aura proclamé son indépendance accréditera les négociateurs adéquats. À moins que la cohorte actuelle des députés fédéraux du Québec n'envisage de se comporter comme les octogénaires du Kuo-min-tang à Taiwan, rêvant qu'ils représentent Shanghai et Bei-jing, ils pourraient immédiatement toucher leur généreuse retraite parlementaire. Il faudra vraisemblablement former un nouveau gouvernement du Canada une fois que les soixante-quinze députés fédéraux du Québec ne représenteront plus des circonscriptions canadiennes. Ce gouvernement désignerait ses négociateurs. La prudence commanderait de ne pas provoquer immédiatement une élection; la sagesse voudrait aussi que l'on consulte de façon approfondie mais officieuse les gouvernements provinciaux et les autres parties intéressées.

L'article 108 de l'AANB de 1867 traitait du transfert de propriété des provinces d'avant la Confédération vers le Dominion. Les propriétés concernées étaient recensées dans l'Annexe III de l'Acte et comprenaient les canaux, les ports, les phares, les chemins de fer, les édifices publics, etc. Un recensement similaire de la propriété publique pourrait être établi de façon relativement facile. La différence entre cette époque et la nôtre réside en ce que le Québec quitte le Canada au lieu de s'y joindre. Pour cette raison, le Québec ne peut revendiquer aucune propriété fédérale à l'extérieur du Québec. Le Canada est par contre légitimement fondé à revendiquer toutes les améliorations apportées depuis la Confédération aux propriétés fédérales en territoire québécois. Pour les mêmes raisons, la répartition du poids de la dette publique, la coordination des désengagements fiscaux et d'autres matières de nature plus ou moins technique peuvent être laissées en toute tranquillité aux soins de fonctionnaires, mais simplement parce que le Québec devra faire face à ses obligations financières envers le Canada s'il veut garder quelque crédibilité que ce soit dans les cercles financiers internationaux. En d'autres termes, nous ne faisons pas confiance à Jacques Parizeau le chic type mais à Jacques Parizeau l'économiste futé.

Lors de la détermination des frontières internationales entre le Québec et le Canada, cependant, des principes politiques autant que des intérêts nationaux entrent en jeu. Il existe, en particulier dans la province de Québec, un malentendu très répandu voulant que l'État du Québec ait plus ou moins les mêmes frontières que la province canadienne. Le Canada n'a aucune raison de reconnaître la validité de cette hypothèse; d'excellentes raisons historiques, juridiques et politiques permettent de la rejeter d'emblée. Une telle revendication peut se comprendre du point de vue de l'intérêt national du Québec, mais ceci ne regarde en rien le Canada. Au contraire, les intérêts du Canada sont en la matière irrévocablement opposés à ceux de l'État du Québec. Les seuls principes sur lesquels pourrait se fonder une telle revendication sont que le Québec étant une colonie du Canada il devrait, comme le Nigeria ou le Kenya, hériter des frontières coloniales. Mais nous avons déjà montré que cet argument est irrecevable. Le Québec n'est pas une colonie du Canada et ne l'a jamais été. Si, donc, des précédents coloniaux doivent être invoqués, il faudrait partir des frontières de la Nouvelle-France de 1763 et non des limites provinciales actuelles. Ces frontières délimitent une colonie s'étendant sur la rive gauche du Saint-Laurent et la rive nord du lac Ontario. En d'autres termes, les *seules* frontières pour lesquelles le Québec puisse avoir l'ombre de prétentions historiques sont celles de la Nouvelle-France.

Un deuxième malentendu concerne le problème de savoir comment le Québec en est venu à exercer sa juridiction sur les deux tiers nord de la province. Le Labrador et la terre de Rupert n'ont jamais été français et n'ont par conséquent jamais été cédés à la Grande-Bretagne par la France. Si ce point est parfois négligé, c'est sans doute parce que personne n'a jamais pris au sérieux l'éventualité de négocier la frontière du Canada avec le Québec. La terre de Rupert était définie dans le droit britannique comme comprenant le territoire recouvrant le bassin hydrographique de la baie d'Hudson. Le Labrador s'étendait du versant est des sommets de la terre de Rupert à l'océan Atlantique. Très simplement, ces terres étaient britanniques bien avant que le Traité de Paris ne le confirme en 1763. Il est vrai qu'à la fin du XVIIe siècle, la Compagnie de la baie d'Hudson se trouva en conflit prolongé avec la France à propos des forts situés le long de la côte et dut lutter contre des intrus venus du Sud, mais ce sont là des conflits informels et sporadiques entre négociants en fourrures. Toute la terre de Rupert resta britannique, hormis pendant une période de dix-sept années allant de 1697 à 1713, au cours de laquelle plusieurs forts de la Compagnie de la baie d'Hudson furent occupés par des négociants en fourrures français. Après le Traité d'Utrecht conclu en 1713, la France n'émit aucune revendication sérieuse sur une partie quelconque de la terre de Rupert.

Le Québec, cependant, a revendiqué des territoires canadiens. Pour commencer, il n'a jamais accepté la décision du comité judiciaire du Conseil privé qui a établi en 1927 sa frontière avec le Labrador. En fait, le Québec a autant de droits sur le Labrador que sur le nord de l'État de New York, et il en a bien plus sur le sud de l'Ontario qui était une possession française authentique avant 1763. En ce qui concerne le Canada, il n'y a rien à discuter à propos du Labrador.

Les revendications d'un Québec indépendant sur le territoire qui constituait la terre de Rupert n'ont pas plus de validité. De 1841 à 1867, comme on l'a relevé, le territoire actuellement compris dans le sud des provinces de l'Ontario et du Québec formait la colonie unique du Canada. La frontière entre la terre de Rupert et le Canada était alors bien réelle et on la faisait respecter. Ce n'était en aucune manière un simple trait sur une carte. L'une des sources de revenu les plus importantes pour toute colonie britannique au XIXe siècle était un droit d'accise prélevé sur tous les produits importés; une deuxième source provenait des droits de douane. Au XIXe siècle, comme au XXe, la Compagnie de la baie d'Hudson n'avait aucun intérêt à payer plus de taxes que ne l'y obligeaient les autorités gouvernementales. Pendant des années, la Compagnie mit à contribution sa connaissance incomparable du Nord pour faire rentrer les produits au Canada par la baie d'Hudson. Vers le milieu du siècle, cependant, le Canada avait calculé que les pertes de revenus dues à la contrebande étaient bien plus élevées que ce qu'il en coûterait pour protéger sa frontière nord et érigea donc une série de postes de douanes pour percevoir les droits d'accise et de douane sur les produits importés de la terre de Rupert.

Non seulement la terre de Rupert était un territoire distinct de la colonie du Canada, mais la façon dont le Canada procéda à son acquisition souligne sa différence. En 1868, un an après la Confédération, le Parlement britannique adopta l'Acte de la terre de Rupert qui spécifiait que la Compagnie de la baie d'Hudson abandonnerait ses «droits territoriaux, privilèges, libertés, franchises, pouvoirs et autorité» selon certaines modalités à négocier entre la Compagnie, le Colonial Office et le gouvernement canadien. Les discussions traînèrent en longueur et il fallut des années de tractations entre les actionnaires de la Compagnie et la Compagnie, entre la Compagnie et le Colonial Office, entre le Colonial Office et le Canada et entre le Canada et la Compagnie pour définir ces modalités. Certaines de ces discussions débouchèrent sur des procès. À l'arrière-plan, demeuraient les revendications, non reconnues, des habitants de la colonie de la rivière Rouge qui ne brûlaient vraiment pas de s'incorporer au Canada. Ni eux ni les autres autochtones de la terre de Rupert ne furent consultés quant à leur nouveau statut.

La terre de Rupert ne fit pas l'objet d'une surenchère comme l'Alaska l'avait été quelques années auparavant. Un bon nombre d'actionnaires de la Compagnie de la baie d'Hudson souhaitaient vendre la terre de Rupert au plus offrant et espéraient faire démarrer les enchères avec une offre de la Chine. On s'attendait à ce que la Russie et les États-Unis entrent aussi dans la course avec le Canada. Quelques politiciens canadiens parlèrent de l'achat de la terre de Rupert. Quelques historiens canadiens le font encore. Mais en fait, le transfert de la terre de Rupert au Canada ne fut pas une transaction immobilière. La Couronne du chef de la Grande-Bretagne a simplement transféré son territoire à la Couronne du chef du Canada. Le Canada a versé des indemnités, ce qui est une façon polie de dire qu'il a acheté les droits de la Compagnie de la baie d'Hudson non pas sur le territoire de la terre de Rupert mais sur les améliorations des infrastructures qu'elle y avait apportées depuis deux cent trente ans.

Si l'on se place dans la perspective de l'histoire nationale du Canada, la terre de Rupert était un cadeau offert par la Couronne à la nouvelle Confédération. C'était, pour ainsi dire, le maillon réunissant le Canada et la colonie britannique sur le Pacifique, la Colombie-Britannique. Une fois la terre de Rupert ajoutée au Canada, les bâtisseurs d'empire de la coalition Macdonald-Cartier voyaient l'intérêt d'étendre la nouvelle confédération de l'Est jusqu'au Pacifique, de construire le chemin de fer du Canadien Pacifique et d'y inclure la Colombie-Britannique. En ce qui concernait la terre de Rupert situé à l'est de la baie d'Hudson, les Territoires du Nord-Est comme on les appela dans les années 1880, on n'en attendait pas une très grande viabilité commerciale. C'était un territoire à fourrures peuplé d'autochtones et de trafiquants de fourrures barbares, comme il l'avait été depuis des siècles.

Pendant les années 1880, à la fois au Québec et en Ontario, des fonctionnaires soucieux comme toujours d'accroître leur contrôle sur les hommes et le territoire sur lequel ils vivent menèrent campagne pour que soient étendues vers le nord les limites de leurs provinces. Comme nous l'avons déjà noté, la première tranche de la terre de Rupert fut ajoutée en 1898 aux deux provinces taillées dans l'ancienne colonie du Canada. En 1912, les fonctionnaires de l'Ontario et du Québec furent de nouveau l'âme de la nouvelle extension vers le nord des limites du Québec.

La conclusion que nous souhaitons tirer de ces faits historiques est aussi évidente que simple: le Québec a obtenu un titre de propriété sur le territoire comprenant anciennement une partie de la terre de Rupert *uniquement* et *seulement* parce qu'il était une province canadienne. On ne peut concevoir d'autre base sur laquelle le Québec puisse fonder cette revendication. Sa juridiction administrative est donc subordonnée à ce qu'il demeure une province du Canada. En d'autres termes, le Québec a acquis juridiction sur ces terres par la seule vertu d'avoir été une province canadienne et sur la présomption que ces terres demeureraient territoire canadien. L'expansion des frontières du Québec et de l'Ontario vers le nord était donc un simple transfert de juridiction de la Couronne du chef du Canada à la Couronne du chef d'une province canadienne. Si le Québec quitte le Canada, il doit abandonner toute prétention à des territoires qu'il a reçus pendant qu'il faisait partie du Canada.

Quoi qu'il en soit, l'histoire montre que la province de Québec a toujours été réticente à exercer ses responsabilités administratives dans la région. En fait, avant 1960, le gouvernement du Québec ne s'est quasiment jamais occupé des habitants du territoire ayant fait partie de la terre de Rupert. Aussi tardivement qu'en 1939, le gouvernement du Québec déclara devant la Cour suprême du Canada que les autochtones relevaient de la responsabilité du gouvernement du Dominion. Le procès concernait une compensation réclamée par la Compagnie de la baie d'Hudson pour avoir nourri les autochtones en 1939 afin qu'ils ne meurent pas de faim. La Compagnie présenta la facture à Québec, qui la renvoya sans cérémonies à Ottawa. La Cour suprême se prononça en faveur du Québec: la responsabilité revenait à Ottawa. Ottawa payerait.

Historiquement, donc, la terre de Rupert est un territoire canadien. La séparation du Québec et du Canada ne peut être entreprise sur les bases d'une intégrité territoriale de la province de Québec. Le gouvernement canadien n'a certainement aucun droit de céder un territoire canadien à une puissance étrangère. En ce qui concerne les biens actuellement situés sur l'ancien territoire de la terre de Rupert et qui doivent leur existence à des actions entreprises par le gouvernement de la province de Québec ou par des investisseurs québécois, les précédents établis lors des négociations entre la Compagnie de la baie d'Hudson, le Colonial Office et le Canada s'appliqueraient. Le Québec et le Canada négocieraient donc une *indemnisation* globale pour compenser la perte par le Québec d'investissements majeurs comme le développement hydro-électrique de la baie James et la voie ferrée pour le minerai de fer de Schefferville. En ce qui concerne la baie James en particulier, il semblerait raisonnable et bénéfique au Canada comme au Québec de négocier des corridors de transmission rejoignant le Canada et les marchés de l'Ontario et des États-Unis en traversant la province de Québec. Sinon le Canada pourrait vendre l'électricité à Hydro-Québec comme l'a fait Terre-Neuve avec l'électricité de Churchill Falls au Labrador. Les modalités seraient cependant bien plus équitables que l'accord de Churchill Falls. Mais ce sont des détails qui devront être résolus pendant les négociations du processus de séparation. Il ne fait aucun doute qu'Hydro-Ontario pourrait fournir le personnel qualifié pour que l'électricité de la baie James continue de circuler et que la GRC saurait assurer la sécurité de la population. Nous nous préoccupons cependant surtout des principes, non pas des détails; et, en principe, la propriété des améliorations des infrastructures de la terre de Rupert, comme la *propriété* des améliorations des infrastructures faites par la Compagnie de la baie d'Hudson au XIXᵉ siècle, n'est tout simplement pas discutable. L'indemnisation peut se négocier, aujourd'hui comme alors.

Dans les années 50, quand Marcel Chaput commença à expliquer «pourquoi il était séparatiste», les aspirations et les arguments des hommes et des femmes en faveur d'un État indépendant passaient sous silence la possibilité que le nouvel État devienne une menace pour les intérêts du Canada ou ceux des États-Unis. À court terme, il ne fait pas de doute que l'État du Québec ne menacerait personne. Les décideurs politiques du Canada et des États-Unis pourraient trouver quelque réconfort dans les déclarations des porte-parole d'un hypothétique État indépendant qui disaient espérer des relations amicales entre les trois États de l'Amérique du Nord. Mais la politique étrangère, surtout la politique de défense stratégique, ne se formule pas en fonction de déclarations d'intention mais de capacités potentielles. Ce ne sont pas des déclarations d'amitié indéfectible mais la perception de la possibilité d'une menace envers des intérêts nationaux qui fondent une politique saine. «Des engagements formels sans épées ne sont que des mots», disait le grand philosophe politique anglais Thomas Hobbes. Un Québec indépendant qui posséderait les mêmes frontières que la province de Québec poserait certainement des problèmes de défense stratégique aux Américains et aux Canadiens.

André Laurendeau l'a mentionné, en 1955, à Chaput et aux rêveurs séparatistes des débuts dans une déclaration devenue classique. Couper le Canada en trois morceaux, disait-il, réduirait le Canada atlantique à «un petit territoire isolé, incapable de subvenir à ses besoins. L'ouest et le centre du Canada seraient privés d'une ouverture sur l'Atlantique. Pas un seul Canadien n'acceptera un tel éclatement.» Et il est bien vrai, comme le disait Laurendeau, qu'un tel État ne serait pas tolérable pour les intérêts vitaux du Canada.

La raison pour laquelle l'existence d'un État étranger à cheval sur le Saint-Laurent serait inacceptable pour le Canada saute aux yeux si l'on regarde une carte. La contiguïté territoriale est tout simplement d'une importance vitale pour l'intérêt national canadien. Le Pr Jacques Brossard s'est penché sur la question du territoire et est arrivé à une solution pleine d'imagination. D'après lui, il n'y aurait pas de brèche dans le territoire canadien puisque l'Ontario pourrait communiquer directement avec la Nouvelle-Écosse par le détroit d'Hudson. Même si nous passons outre la question de savoir si les eaux du détroit d'Hudson sont territoriales ou internationales, suggérer qu'une route maritime qui rallierait le Canada atlantique en partant de Churchill ou de Moose Factory serait directe relève d'un grotesque inacceptable.

C'est un fait que les séparatistes envisagent un couloir entre les frontières actuelles du Québec avec l'Ontario et le Nouveau-Brunswick. Les territoires du Canada atlantique deviendraient, à toutes fins pratiques, une exclave du Canada. L'exemple des nations européennes en ce qui regarde les enclaves (ou les exclaves) de territoire imposant le passage par un État étranger montre qu'un droit de passage général, mais non universel, existe. Les fonctionnaires du gouvernement accèdent d'habitude librement à l'enclave depuis l'État d'origine pour accomplir leurs tâches normales officielles ou privées. Le libre accès est en général refusé quand l'État d'origine essaie d'envoyer des forces militaires dans l'enclave. Il est clair qu'il serait inacceptable pour le Canada qu'un Québec souverain interdise le mouvement d'équipements militaires vers les forces canadiennes basées sur la côte Atlantique.

Les arguments avancés par les porte-parole du Québec présument tous, comme pour la terre de Rupert, que l'État du Québec hériterait du territoire situé au sud du Saint-Laurent. Mais c'est aussi faux. Non seulement ce ne serait pas dans l'intérêt national du Canada d'ouvrir une brèche quelconque dans son territoire, mais en fait le Québec n'a aucun droit sur la rive sud autre que son statut de possession britannique ou de province canadienne.

La rive sud fut définie pour la première fois comme faisant partie du Québec en 1763. Le Traité de Paris agrandissait la colonie du Canada en y incorporant «les anciennes colonies de Nouvelle-Écosse, de Nouvelle-Angleterre et de New York». Ce qui veut dire que le Québec s'agrandissait au sud du Saint-Laurent sur un territoire qui avait traditionnellement été anglais. L'État du Québec a de ce fait autant de droits sur les Cantons de l'Est et la rive sud que sur le nord de l'État de New York, c'est-à-dire aucun. Par le Traité d'Utrecht conclu en 1713, la France reconnaissait la souveraineté britannique sur tous les territoires de la Confédération iroquoise. La réserve de Khanawake, située à l'extrémité sud du pont Mercier, devenue célèbre pendant l'été 1990, nous rappelle très nettement que les terres iroquoises s'étendent jusque sur la rive sud. Vu d'Europe, cela signifiait qu'elles étaient anglaises, non pas françaises. Les Mohawks, comme nous le savons désormais, ont leurs propres vues sur la question. Il est vrai que l'étendue réelle des terres iroquoises était contestée. Il est vrai aussi que dans les années 1750 les négociations entre Britanniques et Français au sujet de cette frontière n'aboutirent à rien. Des négociations ultérieures reprirent à la fin de la guerre de Sept Ans, qui déboucha sur le Traité de Paris. En bref, alors que la frontière sud de la province de Québec avec le Nouveau-Brunswick et avec les États-Unis est parfaitement légitime, elle n'a aucune valeur comme frontière de l'État du Québec. Comme dans le cas de la terre de Rupert, ces territoires furent transférés d'un territoire britannique à un autre pour des raisons de commodité administrative. Puisque la Couronne du chef du Canada est l'héritière légitime des possessions de l'Empire britannique, le Canada n'a pas à céder des territoires ajoutés à la colonie britannique du Québec à un gouvernement étranger, surtout quand ils ont pour le Canada une telle importance stratégique. La voie maritime et la nécessité de communiquer avec le Canada atlantique rendent impérative la possession par le Canada de la rive sud du Saint-Laurent.

D'autres ajustements territoriaux d'un intérêt national moindre pour les Canadiens, mais d'un grand intérêt immédiat pour les Canadiens vivant actuellement au Québec, concernent la vallée de l'Outaouais et la basse Côte-Nord du Saint-Laurent, qui est peuplée de gens originaires de Terre-Neuve et des îles du golfe du Saint-Laurent. On peut en dire autant de l'ouest de l'île de Montréal. Le principe politique que nous invoquerons en l'occurrence est que si les Français revendiquent, sur des bases ethniques et culturelles, le droit de se séparer du Canada, alors les non-Français ont le même droit de se séparer du Québec. Ce qui vaut pour l'un vaut pour l'autre.

En 1980, William F. Shaw et Lionel Albert ont déclaré dans leur livre *Partition: le prix de l'indépendance* du Québec, que la séparation du Québec et du Canada n'aurait jamais lieu parce que les Français de cette province ne voudraient jamais en payer le prix. Cet argument fut repris par de nombreux politiciens pendant la campagne du référendum, la même année. Les premiers ministres de l'Alberta et de la Saskatchewan soulignèrent que le Québec serait traité comme un pays étranger et que la séparation était donc impensable. Le Premier ministre de l'Ontario dit que sa province ne négocierait jamais quelque forme d'association que ce soit avec le Québec et que la séparation était donc impensable. Jean Chrétien orchestra une campagne de relations publiques de plusieurs millions de dollars montrant combien le Québec tirait profit de la Confédération et comment la séparation était par conséquent impensable. Nous sommes d'accord avec tous ces énoncés des faits, mais nous en tirons la conclusion opposée. Nous pensons que la séparation est nécessaire même si le coût en sera substantiel. Seuls les intellectuels à la tête du Parti québécois peuvent rester imperturbables devant les coûts de la séparation. Et ils ne devront précisément pas supporter ces coûts parce qu'ils feront partie de la nouvelle élite bureaucratique au pouvoir — ils l'espèrent ardemment — dans un pays neuf et florissant. Nous ne pouvons, pas plus que quiconque, savoir si un Québec indépendant sera florissant. Nous ne sommes pas aussi optimistes que les chefs du PQ mais nous espérons, par égard pour les Français du Québec, qu'un Québec souverain sera au moins aussi prospère que la province l'est.

Quoi qu'il en soit, il y a une chose dont nous sommes sûrs. Par suite des actes du Québec lui-même, le prix élevé, aussi bien politiquement qu'économiquement, que doit payer le Canada pour garder le Québec à l'intérieur de ses frontières est inutile et inacceptable. Quand l'alternative réelle est l'égalité ou l'indépendance, le choix est clair. Avec l'indépendance viendra exactement l'égalité que possèdent les États souverains: une égalité formelle et juridique. C'en sera fini des prétentions des nationalistes du Québec demandant que celui-ci jouisse d'une égalité substantielle ou de quelque chose qui s'en approche au sein du Canada. Rien de ce qui ressemble à une double monarchie dans la ligne de l'empire des Habsbourg n'a un quelconque lien avec la réalité canadienne. La séparation du Québec et du Canada sera nécessairement accompagnée par la réduction de ses limites provinciales à la lumière de principes historiques, du droit international et du bon sens. Shaw et Albert avançaient que les Français du Québec préféreraient une grande province à un petit pays. C'est sans doute vrai. Quant à nous, cependant, nous croyons que nous nous en tirerions tous bien mieux si le Québec était un petit pays et non une grande province. Nous nous attendons à entretenir avec le Québec des relations amicales, comme celles que nous entretenons avec le Portugal, la Finlande ou le Costa Rica. Mais nous en aurions terminé avec les désordres sans fin, causés par une grande province qui détourne l'attention des vraies priorités de la nation.

5

LE CANADA
SANS
LE QUÉBEC

Le départ du Québec fournirait aux Canadiens une magnifique occasion d'entreprendre une restructuration authentique du régime politique dans lequel ils vivent. En fait, le départ du Québec est la condition nécessaire à une réflexion sérieuse sur l'avenir du Canada en tant que pays. Tant que le Québec fera partie du Canada, nous devrons commencer par régler les problèmes politiques du Québec. Et puisque ces problèmes sont insolubles tant que le Québec fait partie du Canada, les vrais problèmes du pays n'auront jamais la priorité et resteront en souffrance. La crise des dépenses publiques, la crise du déficit, la crise de la dette, peu importe le nom qu'on lui donne, en est le symbole. En nous endettant de la sorte, nous avons pris une hypothèque sur l'avenir, mais nous aurions dû en tirer une marge de manœuvre pour nous occuper de la Constitution et du Québec. Nous avons raté notre coup. La dette s'est maintenant aggravée et la situation constitutionnelle à l'égard du Québec s'est aggravée elle aussi. La seule façon de régler l'un ou l'autre de ces problèmes est de les régler tous les deux à la fois. Le départ du Québec pourrait donner aux Canadiens le choc et l'énergie nécessaires pour s'attaquer à leurs propres problèmes, réels et urgents.

Ce n'est évidemment pas à deux professeurs d'université d'écrire la Constitution de leur pays. Nous voulons bien essayer, mais personne ne nous y a invités. Ce que nous pouvons faire, sans qu'on nous y invite, c'est clarifier les principes qui devront, selon nous, guider les hommes d'État et les législateurs pour leur donner une chance, peut-être la dernière, de sauver le Canada de la paralysie et de fonder une démocratie libérale décente dans la moitié nord du continent. Tel sera le sujet de ce dernier chapitre. Quel avenir voyons-nous donc pour le Canada? Comme nous ne sommes ni des diseuses de bonne aventure ni des prophètes, nous ne pouvons donner à cette question de réponse définitive. Ce qui va suivre se fonde donc sur un mélange d'hypothèses, de prédictions raisonnables, d'espoirs et de désirs que nous prendrons pour des réalités.

Le Canada sans le Québec est une réalité que personne n'a encore vécue. Mais, de même que les Canadiens doivent se préparer à dire «au revoir et bonne chance» aux Français du Québec, ils doivent aussi se mettre à réfléchir à un avenir dans lequel le Québec sera un pays étranger. Si les Canadiens peuvent non seulement se faire à l'idée du divorce qui s'annonce mais aussi envisager leur vie après le mariage, ils survivront bien plus facilement aux jours de crise à venir. Comme c'est le cas dans un divorce entre deux personnes, la douleur de la séparation immédiate du Québec et du Canada fera place dans chacun des deux pays à une détermination de créer une vie nationale nouvelle, encore plus active et vigoureuse qu'auparavant.

Nous n'aurons pas la prétention de suggérer aux citoyens de l'État du Québec quel genre de nation indépendante ils devraient bâtir. Comme nous l'avons dit ailleurs dans ce livre, nous pensons que leur attachement à la démocratie libérale est au moins aussi fort que celui des Canadiens. Les fièvres nationalistes actuelles au Québec sont largement dues à l'impasse constitutionnelle. Nous avons vu qu'une partie des Français a toujours pensé que la circonspection était de mise en matière d'arrangements avec le reste du pays. Dans les circonstances actuelles, le Québec a pu perturber la démocratie libérale canadienne au point que la légitimité du régime lui-même a été mise en cause. Le départ du Québec débarrassera le Canada de sa plus grande source de désordre politique; l'indépendance du Québec rendra aussi inutiles les sentiments nationalistes français. Sans Canada «anglais», la *raison d'être* du nationalisme québécois disparaît. C'est la raison pour laquelle nous sommes optimistes quant aux chances d'instaurer une démocratie libérale dans l'État du Québec après l'indépendance. Qui plus est, entouré comme il l'est par deux grands pays dont la société, l'économie et le système social s'inspirent de la démocratie libérale, le Québec ferait montre de prudence élémentaire en leur emboîtant le pas.

Dans ce qui va suivre, nous partons de quelques hypothèses qui ne sont pas, d'après nous, par trop déraisonnables. La première veut que les Canadiens, après la séparation d'avec le Québec, voudront effectivement maintenir le Canada. Nous croyons que leurs propres intérêts économiques, un vécu historique commun et un profond désir de bâtir une démocratie libérale nord-américaine sans pareille conduiront la plupart des Canadiens à vouloir garder le Canada tel qu'il est à présent, malgré les circonstances nouvelles. Nous croyons aussi que les Canadiens auront envie de bâtir un pays plus uni, fondé sur des valeurs sociales et politiques communes. Ils seront certes affligés de perdre leurs cousins du Québec, mais ils se réjouiront aussi de pouvoir régler les graves problèmes économiques et sociaux qui nous ont tourmentés pendant plus d'une génération et auxquels nous n'avons pu faire face en tant que peuple divisé. Et quand nous aurons commencé à prendre ces défis à bras-le-corps, nous pourrons également nous pencher sur les problèmes plus généraux auxquels le XXIe siècle nous obligera à nous attaquer — le compromis entre le développement économique et la dégradation de l'environnement, le besoin d'une stratégie nationale de l'éducation, les défis du marché mondial, la révolution des communications dans le monde et d'autres choses encore. C'est pourquoi nous croyons que la majorité des Canadiens ont déjà répondu un «oui» assourdissant à la question de savoir s'il devait y avoir une entité politique indépendante dans la moitié nord du continent. Les Canadiens qui ont souhaité devenir américains ont voté avec leurs pieds. Les autres ont proclamé, chaque jour, tant par des petits gestes que par des grands, qu'ils sont Canadiens et souhaitent le rester. Ceci ne changera pas, à moins qu'un nombre appréciable de Canadiens, de souche ou immigrés, ne considèrent leur présence au Canada et leur foi en ce pays en fonction du maintien du Québec dans le tissu national. Nous ne pensons pas qu'il y en ait beaucoup.

On demande souvent comment les provinces de l'Atlantique pourront rester canadiennes si le Québec devient un pays séparé. La question repose sur deux postulats inexacts. Le premier voudrait que l'absence du Québec affaiblirait les engagements économiques, sentimentaux et autres que les Canadiens des provinces de l'Atlantique pensent avoir envers le Canada. Pourquoi devrait-il en être ainsi? Des liens très forts les unissent au reste du Canada sur le plan du commerce, du transport, de l'économie et de l'histoire. Beaucoup de Canadiens des provinces de l'Atlantique ont de la famille ailleurs au Canada; beaucoup ont vécu ou travaillé dans d'autres parties du pays par le passé et aspirent à recommencer dans l'avenir. Le départ du Québec ne changera rien de tout cela.

Le deuxième postulat voudrait que l'Ontario et le Nouveau-Brunswick soient géographiquement divisés. Comme nous l'avons déjà mentionné, cependant, ce postulat est accepté trop facilement. Puisque le Québec n'a aucun droit d'antériorité sur la rive sud du Saint-Laurent, nous présumons que le Canada obtiendra que ce territoire reste à l'intérieur de ses limites géographiques lors des négociations qui suivront la déclaration d'indépendance du Québec. Mais, même si nous avons tort de croire cela et que les négociateurs cèdent à un sentiment de charité déplacé, à la bêtise ou à la couardise (ou à une combinaison des trois), ils s'assureront d'un droit de passage libre et inoffensif sur le territoire du Québec, en échange d'un droit de passage libre et inoffensif sur la voie maritime du Saint-Laurent, dans le détroit de Belle-Isle ou le détroit de Cabot pour les bateaux et les avions québécois, civils ou militaires. L'exemple le plus souvent avancé pour montrer combien il serait difficile pour les provinces de l'Atlantique de continuer à faire partie du Canada — le Pakistan, qui n'a pu survivre en deux morceaux — n'est pas pertinent. Le Québec sera un pays ami avec lequel nous aurons des intérêts communs. Une analogie plus adéquate serait de prendre l'exemple de l'Alaska séparée des États-Unis continentaux — arrangement qui ne pose aucun problème.

Dans tous les cas, les gens des provinces de l'Atlantique n'auraient pas beaucoup d'autre choix que de demeurer au Canada, car leur faiblesse économique actuelle ne leur permettrait pas l'indépendance et contrecarrerait à coup sûr tout effort de les entraîner dans le giron de la Grande République, que ces efforts viennent d'eux ou des États-Unis. Ainsi donc, si les Canadiens à l'ouest de la frontière entre le Québec et de l'Ontario veulent bien d'eux, et nous croyons que tel sera le cas, le pays s'étendra toujours *A mare usque ad mari* — d'un océan à l'autre — mais pas de la rivière jusqu'aux confins de la terre comme le dit le Psaume 72.

Nous pensons que le départ du Québec incitera les Canadiens à se serrer davantage les coudes dans l'avenir qu'ils ne l'ont fait dans le passé, car ils auront un témoignage probant des effets d'un provincialisme exubérant. Il faudra donc apporter des changements fondamentaux à la Constitution canadienne. Nous aimerions recommander bon nombre d'options, de l'élimination de la l'article 36 de la Constitution, dans laquelle s'enchâsse la doctrine de l'égalisation des disparités régionales qui limite la flexibilité de la Banque du Canada, en passant par une réduction du nombre des ministres et jusqu'à l'adoption d'une loi qui limiterait l'emploi de la TPS à la réduction de la dette. Nous nous intéressons cependant ici à des principes constitutionnels plus fondamentaux. Trois mesures nous semblent particulièrement nécessaires pour repartir sur des bases saines.

Premièrement, la Constitution devrait indiquer dans son préambule que c'est le désir souverain du peuple du Canada d'établir une union indissoluble. Quoique les préambules ne soient pas utilisables en cas de litige, cela indiquerait aux chefs politiques du Canada, actuels et à venir, que le départ du Québec ne constitue pas un précédent. Cela signifierait que les 20 millions et plus de Canadiens qui resteront après le départ du Québec et les millions d'autres qui viendront vivre ici par la suite sont des partenaires dans une communauté d'intérêt mutuel. Nous croyons qu'une fédération qui se respecte n'autorisera jamais qu'une de ses composantes fasse cavalier seul sous prétexte que l'indépendance serait à son avantage. Agir de la sorte reviendrait à admettre un principe qui met en danger toute la structure fédérale. C'est comme si vous quittiez un groupe qui vous a élevé et soutenu quand vous pensez mieux vous en tirer tout seul, sans vous soucier des répercussions que votre départ aura sur ceux qui restent. En termes simples, Abraham Lincoln était dans son droit politiquement, constitutionnellement et moralement quand il a employé la force pour maintenir les États-Unis en un seul pays.

Comment pouvons-nous penser ainsi et prétendre en même temps que la meilleure voie à suivre pour les Canadiens est d'accepter la séparation du Québec? Il est vrai que tous les chefs politiques canadiens, fédéraux ou provinciaux, ont rejeté le principe de l'indissolubilité. Trudeau fut le premier à déclarer qu'il ne saurait être question de recourir à la force armée pour empêcher le Québec de partir. Et puisque les Canadiens refusent de combattre pour garder le Québec, nous nous inclinons devant la réalité de notre temps. De plus, nous pensons que le coût du maintien de l'appartenance du Québec au Canada est trop élevé de toute façon, et l'a toujours été; loin de désavantager le Canada, la sécession du Québec lui sera profitable à long terme. Qui plus est, la Constitution n'aborde pas le problème de la sécession et la question de savoir si une province peut se séparer ou non est politique et non pas constitutionnelle. Comme nous l'avons vu, nos chefs politiques sont manifestement préparés à le permettre sous le régime actuel et il n'est pas possible de changer les règles maintenant. Là encore, nous nous inclinons devant la réalité. Une fois le Québec parti, cependant, la nouvelle fédération devrait être fondée sur l'hypothèse qu'elle est perpétuelle. De cette façon, les Canadiens et leurs chefs politiques sauront que parler de dissolution ou de séparation est inacceptable dans le discours politique et constitutionnel canadien. Nous en aurons fini avec l'épouvantail de la séparation.

Le second principe constitutionnel que nous recommandons déclarerait que le Canada est un marché libre et que les lois du Canada et des provinces doivent être interprétées de façon à préserver la liberté de circulation des biens et des personnes à l'intérieur du pays. Il est sûrement temps que les échanges entre les provinces soient aussi libres qu'ils le seront avec les États-Unis quand l'Accord de libre-échange entrera en vigueur en 1999. Les barrières érigées à l'intérieur du Canada contre le commerce et la libre circulation des personnes ont été un des facteurs importants des manœuvres de défense des intérêts de groupe durant les cent vingt dernières années et font tout simplement trop obstacle à l'efficacité pour être acceptées dans la dernière décennie du XXᵉ siècle. Il faut s'en débarrasser.

Un troisième principe constitutionnel a trait aux libertés individuelles. Nous avons dit que la base de la démocratie libérale repose sur le fait que les gouvernements sont institués pour garantir la liberté des individus. Ceci implique que les assemblées législatives sont au service du peuple et non l'inverse. La souveraineté du peuple, proclamée dans le préambule de la Constitution, peut être institutionnalisée dans des articles prévoyant des référendums, des initiatives populaires et la convocation de membres élus aux assemblées. Nous sommes bien conscients des changements fondamentaux que cela apporterait à la structure du Parlement, à la discipline de parti et au contrôle qu'exerce le Gouvernement sur le gros des députés. Telle est précisément notre intention. Il est très clair pour nous, et sûrement pour bien des Canadiens, que la structure politique existante, et l'accent si important qu'elle met sur la discipline de parti, ne sert pas les intérêts des Canadiens, quels que soient les services qu'elle rend aux gouvernements, cabinets et autres premiers ministres. En plus des nouvelles règles politiques que nous venons d'évoquer, nous recommanderions de redistribuer les sièges actuellement dévolus aux députés du Québec. Il en résulterait des circonscriptions plus petites que celles que nous connaissons maintenant et, nous l'espérons, une sensibilité accrue des députés aux intérêts de leurs électeurs.

Le principe de la liberté individuelle implique l'abolition des droits collectifs et des sociétés ayant un statut juridique distinct — avec une seule et unique exception que nous verrons bientôt. Les démocraties libérales ont une classe de citoyens et non deux, trois ou quatre.

Un quatrième principe constitutionnel déclarerait que le Canada est une vraie fédération. Ce qui signifie que le Parlement serait bicaméral et que la Chambre haute, le Sénat, représenterait la population du Canada sur une base territoriale. La Chambre des communes continuerait de représenter les Canadiens, comme elle le fait actuellement, sur la base de circonscriptions à un seul député, circonscriptions attribuées à peu près proportionnellement à la population de chaque province. En bref, nous plaidons pour un Sénat élu, efficace et égal, un Sénat «au triple E».

La réforme du Sénat se fait attendre depuis trop longtemps au Canada. Quand le peuple canadien élira une Chambre haute qui protégera ses intérêts régionaux, mais dans une perspective nationale, le Canada sera une nation plus unie. Une fois le Québec parti, un obstacle important à la réforme du Sénat sera aboli. L'Ontario sera de toute façon en minorité à la nouvelle Chambre des communes grâce à la combinaison des sièges des provinces de l'Ouest et de celles de l'Atlantique (selon la répartition actuelle, l'Ontario aurait 99 des 220 sièges restant après le départ des 75 députés du Québec). Nous supprimons ainsi un des arguments contre un Sénat au triple E: bien qu'étant la province la plus peuplée, l'Ontario serait en minorité.

La réforme du Sénat ne vise en aucun cas l'Ontario. L'intérêt d'avoir une représentation régionale dans les institutions du gouvernement central consiste, d'une part, à s'assurer que les intérêts régionaux soient représentés dans la capitale nationale et, d'autre part, à réduire quelque peu les exigences régionales en ce qu'elles comportent d'esprit de clocher, de décisions unilatérales et, au sens péjoratif du terme, de provincial. Il devrait en résulter, sinon la fin de la diplomatie fédérale-provinciale, du moins une diminution de la quantité de venin qui s'y distille actuellement. Les premiers ministres des provinces pourront concentrer leurs efforts sur la tâche pour laquelle ils ont été élus: gouverner leurs provinces. Nous en aurons enfin terminé avec les gesticulations dont est le théâtre ce cirque à grand chapiteau que l'on appelle Conférence des premiers ministres. Le fédéralisme exécutif, comme on le nomme, sera remplacé par un authentique fédéralisme. Les provinces et les régions n'auront plus à s'en remettre à des politiciens provinciaux, souvent mal informés et à l'horizon étroit, pour faire connaître leurs intérêts dans la capitale de la nation. Ce sera le travail à plein temps de leurs sénateurs élus, lesquels ne devront pas leur place au caprice d'un premier ministre despotique mais aux électeurs de la région ou de la province qui les auront envoyés à Ottawa.

L'autre volet d'un Sénat au triple E serait, bien sûr, qu'il ne soit pas élu sur la base d'une représentation proportionnelle. C'est toute la raison d'être du fédéralisme: des provinces, des États ou des *Länder* s'entendent pour vivre sous le même régime malgré les grandes différences qui les séparent en matière de population, d'intérêts, d'économie, d'avantages sociaux, d'affiliations religieuses et bien d'autres encore. Ces différences sont représentées *comme des différences* à la Chambre haute. Ce que leur population a en commun, à savoir leur égalité comme citoyens, est représenté à la Chambre des communes. En d'autres termes, le fait que l'Île-du-Prince-Édouard ou Terre-Neuve soient bien moins peuplées que la Colombie-Britannique ou l'Ontario milite en faveur d'un nombre égal de sièges au Sénat pour chaque province et non contre leur égalité. Du fait justement qu'elle n'a que quatre députés, l'Île-du-Prince-Édouard a besoin de l'égale représentation au Sénat. Autrement ses intérêts peuvent être ignorés et ses citoyens réduits à l'état de suppliants et de retraités attendant la distribution d'Ottawa, ce qui correspond plus ou moins à la pratique actuelle.

L'un des seuls bons côtés du désastre du lac Meech, c'est que deux provinces faiblement peuplées ont pu empêcher que l'on brade la nation à des despotes provinciaux agressifs et ambitieux. La raison d'être d'un Sénat élu, efficace et égal serait d'institutionnaliser ce genre de contrôle et d'équilibre plutôt que de nous laisser dans notre situation d'otages du hasard. Lors du lac Meech, par exemple, le Canada peut s'estimer très chanceux que Terre-Neuve ait eu un premier ministre courageux et le Manitoba, une Assemblée législative tout aussi courageuse. Il serait stupide de croire que notre chance va toujours durer. Un Sénat au triple E sera un grand pas en avant sur la voie de l'institutionnalisation et de la légitimisation des intérêts politiques régionaux.

Un Sénat au triple E supprimera aussi tout besoin de garder la clause «nonobstant» de l'actuelle Constitution. Le raisonnement à l'origine de cette clause — à savoir qu'il fallait donner aux provinces un moyen politique de s'opposer à une uniformisation imposée par une législation fédérale ou par le biais de la justice — sera caduc. Le

Sénat veillera à ce qu'une place soit faite aux divergences régionales et la reconnaissance du principe de la souveraineté du peuple fera qu'aucune assemblée législative ne pourra suspendre ou supprimer à la légère les droits individuels parce qu'elle croit qu'il y va de l'intérêt public. Il sera au contraire très explicite que le plus haut intérêt public est de promouvoir et de protéger les droits individuels.

Non seulement il faut ajouter certaines dispositions à la nouvelle Constitution du Canada, mais il faudra aussi supprimer certaines des clauses actuelles. En tout premier lieu viennent les dispositions concernant le bilinguisme officiel. Quand le Canada sera un pays de plus de 20 millions d'habitants dont 19 millions proclameront l'anglais comme leur langue maternelle ou leur langue de travail, le bilinguisme officiel ne sera plus seulement le gâchis extravagant qu'il est actuellement, ce sera un anachronisme. Nous avons montré qu'il n'y avait jamais eu de raison constitutionnelle à cette politique, pour commencer; mais même s'il y avait eu la moindre raison politique dans les années 60, cette raison aura disparu avec la sécession du Québec. Il sera toujours nécessaire et précieux que les Canadiens apprennent et parlent les langues importantes en usage dans le monde. L'apprentissage des langues et l'enseignement en français devront se poursuivre, comme partie intégrante de l'aide que les gouvernements fédéral et provinciaux devraient apporter à l'éducation des Canadiens. Mais la notion de langue officielle — n'importe quelle langue officielle, y compris l'anglais qui n'a besoin de personne — doit être abandonnée.

Le nouveau Canada qui émergera après le départ du Québec doit être une démocratie forte, dotée d'une Charte des droits et libertés enchâssée dans sa Constitution pour protéger les libertés individuelles comme son bien le plus précieux. Il en découle donc que nous croyons aussi qu'il n'y a pas de place pour les droits des groupes dans une vraie démocratie libérale. Des droits pour les individus? Tout à fait d'accord. Des droits pour des groupes en tant que groupes? Non, à une exception près, sur laquelle nous reviendrons bientôt. Le degré auquel une personne s'assimile ou s'acculture ne devrait dépendre que de cette personne. L'État ne doit intervenir ni en imposant l'assimilation ni en créant des incitatifs officiels, parrainés par l'État et financés par lui, pour que les minorités préservent leur culture. Si elles souhaitent le faire, qu'elles le fassent pour elles-mêmes et par elles-mêmes.

Une dernière disposition qu'il faudra extirper de la Constitution canadienne est celle qui stipule l'établissement ou le maintien, dans six des neuf provinces, d'écoles religieuses séparées recevant un soutien fiscal. C'est une contradiction de voir une démocratie libérale donner à un groupe particulier de citoyens, qu'ils soient catholiques, protestants ou zoroastriens, le privilège d'éduquer leurs enfants dans une école religieuse subventionnée par l'État, alors que les autres Canadiens n'ont pas ce privilège. Non seulement ce système n'est pas équitable dans les provinces qui ont des écoles séparées, mais il crée aussi une injustice envers les Canadiens qui, de par leur religion, bénéficient de certains privilèges dans une province et non dans une autre. Pourquoi, par exemple, les catholiques de l'Alberta devraient-ils avoir des droits que n'ont pas ceux de Colombie-Britannique? Ils ne le devraient pas. Nous ne voulons pas dire qu'il faudrait interdire aux gouvernements provinciaux d'accorder un soutien à un système autre que celui de l'enseignement public. Bien au contraire. Nous voudrions que le choix soit élargi au-delà de l'alternative habituelle entre catholique et non catholique. Pour faciliter un élargissement des choix, nous suggérons par exemple un système de garanties, assez flexible pour permettre aux parents l'accès à un plus grand nombre de choix. Les intérêts légitimes de l'État seraient sauvegardés par le biais de normes provinciales d'éducation et de programmes auxquels devraient se soumettre toutes les écoles alternatives ou indépendantes. Une concurrence ainsi accrue ne pourrait qu'améliorer le système public actuel, nous en sommes certains.

Il reste une exception à notre principe général d'égalité entre les citoyens: les peuples autochtones du Canada. Ils ne sont d'aucune manière un «groupe ethnique» minoritaire. Ce ne sont pas des immigrés; ce sont les premiers habitants du Canada et ils sont entrés en relations légales directes avec la Couronne, à la suite de quoi ils ont échangé leurs droits aborigènes à la terre contre des réserves, de l'argent et d'autres considérations. Ce serait alors violer nos normes juridiques et morales que d'essayer de leur appliquer le même statut juridique et constitutionnel qu'aux autres Canadiens. Nous préconisons, en fait, d'œuvrer en vue d'un gouvernement local autonome des autochtones qui mettrait un terme à la structure de guerre institutionnalisée qui les a maintenus dans la dépendance, a sapé leur fierté et les a réduits à l'état de citoyens de deuxième classe. La forme exacte de ce gouvernement reste à définir, mais le statut de province ne devrait pas être exclu, du moment que l'on respecte les limites de la réalité économique. L'objectif de tout changement au statut constitutionnel des autochtones devrait être de s'assurer qu'ils sont traités avec égalité et qu'on met fin à leur statut actuel de dépendance envers l'État.

On nous demandera peut-être en quoi ce nouveau Canada différerait des États-Unis du point de vue de ses structures constitutionnelles, politiques et sociales. À notre avis, il serait aussi différent qu'il l'est maintenant, mis à part le fait que le Canada comprendrait très nettement moins de francophones qu'en ce moment. C'est un point qui nous ferait ressembler plus aux États-Unis: la grande majorité des Canadiens serait composée de gens parlant anglais ou aspirant à le parler. Le Canada aurait perdu sa saveur anglais-français, et nous ne saurions prétendre que la vision que nous avons de nous-mêmes n'en serait pas affectée, de même que celle que les autres ont de nous. Mais, par d'autres côtés, le Canada restera le Canada. Il restera une monarchie constitutionnelle dotée d'un mode de gouvernement parlementaire calqué sur le modèle britannique et de lois qui s'appuient sur l'expérience de la Grande-Bretagne. Le seul changement, un Sénat au triple E, est une nécessité qui reflète la géographie et l'histoire du Canada. L'expérience britannique ne nous est ici d'aucun secours. Le mélange de population dans le Canada anglophone restera plus ou moins le même. Les Canadiens auront en commun l'expérience unique d'avoir bâti leur propre démocratie libérale sur la moitié nord de ce continent. Notre histoire, nos modes de gouvernement, nos lois, notre mélange de population, l'espacement de notre population, notre climat et notre géographie ont tous moulé le caractère canadien. Et ils continueront de le faire, à une différence importante près — puisque le Canada aura une culture politique unique, il sera plus uni spirituellement même s'il reste étalé géographiquement. Les sentiments des Canadiens seront toujours aussi forts en ce qui concerne les valeurs communautaires, le crime, le contrôle des armes et le besoin de prendre soin les uns des autres, que ce soit par le biais de programmes soutenus et financés par l'État comme l'assurance-maladie ou par le biais d'autres mesures comme les banques de nourriture bénévoles. Rien ne changera à tout cela, à moins que les Canadiens n'en décident autrement.

Les vrais fondements de l'indépendance canadienne ne doivent pas grand-chose à la présence ou à l'absence du Québec, mais ils doivent beaucoup au fait que les Canadiens soient d'accord pour vivre sous un gouvernement qui garantit cette indépendance. En bref, les Canadiens n'ont pas décidé de rester indépendants des États-Unis en raison de leur caractère national ou de leur diversité ethnique ou même de leur mémoire historique, malgré l'importance que ces facteurs peuvent avoir. Le droit du Canada à être indépendant des États-Unis repose (comme celui de la Grande-Bretagne, de la France ou du Venezuela) sur le droit de consentir à un gouvernement. Ce droit, dans les démocraties libérales, appartient aux individus, non à des groupes ethniques, à des «peuples», à des nations ou à des sectes religieuses. C'est l'égalité devant la loi — qui découle elle-même de l'égalité de tous les humains — qui garantit les droits individuels, comme nous l'avons mentionné dans l'introduction de ce livre. C'est ce que les Américains entendaient par «les droits inaliénables». Ce que les Canadiens ont en commun avec les Américains, au moins sur ce plan, c'est leur engagement envers la démocratie libérale en tant que régime institué pour garantir ces droits. Un tel gouvernement, pour boucler la boucle, tire son pouvoir et son autorité de l'approbation de ceux qu'il gouverne. La logique de la démocratie libérale, comme l'a dit Harvey Mansfield fils, est indépendante de la logique de l'autodétermination nationale. D'où nous en concluons que le Québec n'a aucun rapport avec la question de la démocratie libérale au Canada.

Avant que nous n'arrêtions la discussion sur ce à quoi pourrait ressembler une nouvelle structure constitutionnelle et politique, il est important d'envisager les répartitions possibles des pouvoirs entre le gouvernement fédéral et les provinces dans le nouveau Canada. Nous ne voulons pas essayer de définir en détail quels pouvoirs nous aimerions voir exercés par les provinces et lesquels seraient confiés au gouvernement fédéral. En grande partie, nous serions prêts à voir la répartition des pouvoirs rester telle qu'elle est actuellement. Cependant, tout ce qui sera entrepris pour redistribuer les pouvoirs devrait respecter un principe de base: ce n'est pas parce qu'une division semblait adéquate en 1867 qu'elle l'est encore de nos jours. Si le gouvernement fédéral doit jouer un rôle dans le développement d'une stratégie nationale de l'éducation, par exemple, la Constitution devrait le permettre. Si les provinces étaient mieux à même d'administrer certains programmes — les garderies seraient un bon exemple —, alors la Constitution devrait aussi refléter cet état de fait.

Quel type de relations le Canada devrait-il entretenir avec l'État du Québec? Si nous présumons que les questions de frontières, de passage libre et inoffensif, de dévolution de la propriété fédérale et de partage du déficit national peuvent être résolues de façon satisfaisante — et nous pensons qu'elles le seront —, le Canada et le Québec devraient entretenir des relations aussi serrées et cordiales que celles que nous avons avec les États-Unis actuellement. Il serait par exemple tout à fait opportun que le Canada ouvre des négociations avec le Québec pour parvenir à un accord de libre-échange. Un tel accord devrait s'avérer plus simple à mettre en œuvre que celui entre le Canada et les États-Unis et présenter moins de points de litige.

Nous devrions inviter les États-Unis à participer à des discussions de libre-échange entre le Québec et le Canada. Ils pourraient, après tout, être intéressés par un accès ouvert au marché québécois, même si ce marché ne représente que 7 millions de personnes (les États-Unis ont un accord de libre-échange avec Israël, un marché inférieur à 5 millions de personnes). Comment les États-Unis pourront arriver à un tel accord avec un pays où une telle proportion de l'infrastructure de base repose sur des subventions du Gouvernement est une autre question, mais c'est aux citoyens du Québec d'y répondre, non pas aux Canadiens. Ce qui est clair, c'est que le Québec, en tant qu'État sécessionniste, n'aura aucun droit de succession dans l'Accord de libre-échange entre le Canada et les États-Unis. Le gouvernement du Canada devrait l'annoncer très clairement et aux États-Unis et à l'État du Québec, dès le début des discussions.

Les séparatistes québécois ont beaucoup discuté d'une union monétaire avec le Canada. Le Canada pourrait réfléchir à une telle proposition, mais à deux conditions uniquement: premièrement, la représentation au conseil consultatif de la Banque du Canada devrait se baser sur le produit intérieur brut. Puisque le PIB du Canada est environ quatre fois supérieur à celui du Québec, il y aura quatre Canadiens pour un citoyen du Québec. Deuxièmement, la Banque du Canada ne peut avoir qu'un seul gouverneur qui sera choisi dans le pays ayant le PIB le plus important. Troisièmement, le gouverneur ne peut être responsable que devant un seul ministre des Finances, celui du pays dont le PIB est le plus important. Il va sans dire que le Canada aurait le dernier mot quant à la politique monétaire qui prévaudrait. Sur ces bases, le Canada peut envisager que le Québec utilise le dollar canadien.

Cette attitude peut paraître dure et égoïste, surtout si on la compare avec l'intégration monétaire qui s'annonce dans les pays de la CEE. Cependant, la CEE est une agglomération de douze pays, dont plusieurs ont des PIB sensiblement équivalents. Dans cette relation multilatérale, quelque chose qui ressemble à une égalité entre partenaires peut être de mise. La relation Canada-Québec, d'un autre côté, est bipolaire. Les désirs du Canada devraient prévaloir parce que le Canada aura en gros trois fois et demie à quatre fois la taille du Québec, quel que soit le domaine mesuré. Si le PIB du Québec atteignait celui du Canada, l'égalité totale serait de mise, mais pas avant. La raison pour laquelle une nation souveraine qui se respecte comme le Québec accepterait de telles conditions nous dépasse, mais il croit peut-être que sa capacité à emprunter sur le marché international dépendra de son utilisation du dollar canadien plutôt que d'une monnaie purement québécoise. (L'appellera-t-on le «Lévesque»?) En tout état de cause, il reviendrait au Québec d'amorcer la restauration de liens économiques. Le Canada, cependant, pourrait avoir ses propres raisons de se demander si une intégration économique lui serait bénéfique. Pour commencer, c'est le Japon, et non les États-Unis, qui est à l'heure actuelle le principal exportateur de capitaux. Les Japonais sont très soucieux de stabilité politique. On peut se demander si les investisseurs japonais trouveraient un Québec séparé du Canada très attrayant; par contraste, le Canada paraîtra sans doute plus attirant sans le Québec et les coûts supplémentaires qu'entraîne le fait de traiter avec cette province. Le maintien de l'association entre le Québec et le Canada pourrait bien causer des torts au pouvoir d'attraction du Canada sans améliorer celui du Québec. Il est vrai que le gouvernement du Québec, par son contrôle des fonds de retraite, peut diriger l'investissement en fonction des initiatives politiques prises par le secteur public. Mais il est vrai aussi que l'aide du Gouvernement rend l'économie du Québec en général plus vulnérable à des baisses d'activité du secteur privé, qui contribue à renflouer les coffres de l'État. Une fois de plus, les bénéfices d'une association économique entre le Canada et le Québec sont incertains. Il serait donc plus prudent, en règle générale, que le Canada examine avec la plus grande attention l'éventualité d'une intégration économique avec le Québec, aussi minime soit-elle.

Il faudra établir d'autres relations importantes entre les deux pays. Puisque la pollution de l'environnement ne connaît pas de frontières, il faudra conclure des traités pour permettre aux deux pays de coopérer dans la limitation et dans l'élimination des pollutions transfrontalières. L'entente sur les pluies acides entre le Canada et les États-Unis pourrait servir de modèle. Et de même que les États-Unis et le Canada ont de longue date conclu des accords sur la défense aé-rienne, le partage des eaux limitrophes, la circulation aérienne entre les deux pays, etc., il faudra que le Québec et le Canada s'entendent sur les mêmes sujets. Il faudra du temps pour mettre en place tous ces accords — et aussi pour que Québec développe l'infrastructure bureaucratique qui les administrera —, mais, si chacun fait preuve de bonne volonté, nous n'avons aucune raison de douter qu'un réseau complet d'accords satisfaisants pour les deux parties finisse par régir les relations entre le Canada et le Québec.

Nous n'avons fait ici que brosser à grands traits un tableau des éléments fondamentaux touchant les relations entre le Canada et le Québec. Nous présumons que les Canadiens, une fois qu'ils auront vu la doublure d'argent que cache le nuage noir de la sécession du Québec, se remettront de leur douleur (et peut-être même de leur colère) et qu'ils se rendront compte que l'intérêt national, une histoire partagée et une culture politique commune, à défaut d'autre chose, imposent des liens étroits et amicaux entre les deux pays. Comme cela arrive parfois lors d'un divorce, il n'est pas impossible que les relations entre le Canada et le Québec soient bien meilleures lorsque les deux nations traiteront entre elles en nations, que lorsque le Québec se trouvait pieds et poings liés dans un arrangement aussi peu satisfaisant que la Confédération.

Il y a plus de douze décennies, les gens du Québec et les gens du Nouveau-Brunswick, de la Nouvelle-Écosse et de l'Ontario ont créé une union fédérale sous la Couronne britannique. Bien des gens d'horizons divers se réunirent par intérêt personnel pour semer la graine de ce qui deviendrait, espéraient-ils, une nation forte et unique. Ils se rendaient parfaitement compte que le Canada devrait être, du fait de la diversité de ses composantes, un pays différent des États-nations de l'Europe, par exemple. Et ils avaient parfaitement conscience de la forte détermination des Québécois à préserver leur identité et leur héritage culturel.

Les Canadiens anglais ont formé une majorité au Canada depuis le début. Bien que certains d'entre eux aient abordé le Québec avec intolérance, avec chauvinisme et avec racisme, la majorité — en tant qu'individus et à travers leurs chefs politiques — ont cherché un terrain d'entente avec le Québec presque à chaque virage. Bien qu'ils aient eu pour ambition de bâtir une nation reposant sur une façon de faire les choses plus ou moins acceptée par tous et sur des buts communs, ils savaient que l'unanimité serait une denrée rare. Ils n'eurent recours à la force brute pour imposer leurs vues au Québec que bien peu de fois, et pas une seule fois pendant ce demi-siècle! Pour rééquilibrer cela, ils étaient prêts à élire un Premier ministre fédéral issu du Québec pendant environ trente des quarante-deux dernières années, à laisser le Québec émettre des réserves après coup sur les accords de Charlottetown et de Victoria en 1964 et en 1971 pour en arriver à retarder les réformes constitutionnelles pendant plusieurs décennies, à accepter que le bloc des députés québécois à la Chambre des communes ait plus de poids dans la formulation des politiques gouvernementales que les députés de n'importe quelle autre province, et à permettre que le Québec reçoive bien plus de largesses que n'importe quelle autre province en paiements de transferts, en contrats fédéraux, en assistance sociale, en dépenses d'investissement, etc. Si la Confédération était une entente d'affaire plutôt qu'une histoire d'amour — ce que nous pensons —, le Québec en a retiré bien plus qu'il n'y a perdu. Le Québec est aujourd'hui une province forte, confiante, pleine de vie, énergique et innovatrice; en tant que groupe, les Québécois ont bien plus de puissance au Canada que les habitants de n'importe quelle autre province. L'Ontario est peut-être le moteur de la Confédération, mais le Québec tient le volant d'une main ferme.

En dépit de tout cela, nous, Canadiens anglais, avons entendu une suite sans cesse croissante de menaces de sécession au cours des trente dernières années. Nous avons répondu à ces menaces par des concessions, l'une après l'autre, jusqu'à ce que le Canada atteigne le point de rupture. Au printemps 1987, un Premier ministre canadien a finalement proposé d'imposer au Canada un arrangement constitutionnel qui aurait marqué le début du processus de dissolution des liens subsistant entre nous et qui aurait créé deux classes de citoyens canadiens: ceux qui habitent au Québec et ceux qui habitent en dehors du Québec. Pour paraphraser Winston Churchill, ce n'était peut-être pas la fin, mais c'était le début de la fin. Les gens du Canada anglais ne savaient pas de quoi ils voulaient voir fait leur avenir, mais ils savaient que ce n'était pas de l'Accord du lac Meech.

La mort du lac Meech a fait culminer la fièvre nationaliste au Québec. Dans leur colère de voir les Canadiens anglais refuser de s'immoler eux-mêmes, les nationalistes québécois ont créé une lame de fond: ils aspirent à des changements radicaux dans leurs relations avec le Canada. Beaucoup croient manifestement qu'il sera aisé de défaire les liens qui ont attaché le Québec «aux Anglais» depuis 1763.

Il suffit de hisser le fleurdelisé à un mât et d'observer les réactions pour s'en rendre compte. C'est un aveuglement stupide, mais peu importe; ce sont eux et eux seulement qui se retrouveront face à la dure réalité du lendemain matin. Pour le reste d'entre nous, maintenant, il ne peut y avoir qu'une seule réponse: nous n'emploierons pas plus la force pour vous chasser que pour vous retenir. Notre réponse à votre menace de divorce est simple. Nous vous disons *Goodbye... et bonne chance!*

INDEX

TABLE DES MATIÈRES

Ouvrages parus aux Éditions de l'Homme

Affaires et vie pratique

30 jours pour mieux organiser, Gary Holland
Acheter et vendre sa maison ou son condominium, Lucille Brisebois
*Acheter une franchise, Pierre Levasseur
*Les assemblées délibérantes, Francine Girard
*La bourse, Mark C. Brown
Le chasse-insectes dans la maison, Odile Michaud
*Le chasse-insectes pour jardins, Odile Michaud
Le chasse-taches, Jack Cassimatis
*Choix de carrières — Après le collégial professionnel, Guy Milot
*Choix de carrières — Après le secondaire V, Guy Milot
*Choix de carrières — Après l'université, Guy Milot
*Comment cultiver un jardin potager, Jean-Claude Trait
Comment rédiger son curriculum vitæ, Julie Brazeau
*Comprendre le marketing, Pierre Levasseur
Des pierres à faire rêver, Lucie Larose
*Devenir exportateur, Pierre Levasseur
L'étiquette des affaires, Elena Jankovic
*Faire son testament soi-même, Me Gérald Poirier et Martine Nadeau Lescault
Les finances, Laurie H. Hutzler
Gérer ses ressources humaines, Pierre Levasseur
Le gestionnaire, Marian Colwell
La graphologie, Claude Santoy
*Le guide complet du jardinage, Charles L. Wilson
Le guide de l'auto 91, Denis Duquet et Marc Lachapelle
Guide du savoir-écrire, Jean-Paul Simard
*Le guide du vin 91, Michel Phaneuf
*Le guide floral du Québec, Florian Bernard
Guide pratique des vins de France, Jacques Orhon
J'aime les azalées, Josée Deschênes
*J'aime les bulbes d'été, Sylvie Regimbal
J'aime les cactées, Claude Lamarche
*J'aime les conifères, Jacques Lafrenière
*J'aime les petits fruits rouges, Victor Berti
J'aime les rosiers, René Pronovost
J'aime les tomates, Victor Berti
J'aime les violettes africaines, Robert Davidson
J'apprends l'anglais..., Gino Silicani et Jeanne Grisé-Allard
Le jardin d'herbes, John Prenis
Je me débrouille en aménagement intérieur, Daniel Bouillon et Claude Boisvert
*Lancer son entreprise, Pierre Levasseur
Le leadership, James J. Cribbin
Le livre de l'étiquette, Marguerite du Coffre
*La loi et vos droits, Me Paul-Émile Marchand
Le meeting, Gary Holland
Le mémo, Cheryl Reimold
*Mon automobile, Gouvernement du Québec et Collège Marie-Victorin

Notre mariage — Étiquette et planification, Marguerite du Coffre
* Le nouveau guide des bons restaurants 1991, Josée Blanchette
* L'orthographe en un clin d'œil, Jacques Laurin
* Ouvrir et gérer un commerce de détail, C. D. Roberge et A. Charbonneau
  Le patron, Cheryl Reimold
  Piscines, barbecues et patios, Collectif
* La prévention du crime, Collectif
  Prévoir les belles années de la retraite, Michael Gordon
  Les relations publiques, Richard Doin et Daniel Lamarre
  Les secrets des maîtres vendeurs, Henry Porter
  La taxidermie moderne, Jean Labrie
* Les techniques de jardinage, Paul Pouliot
  Techniques de vente par téléphone, James D. Porterfield
* Le temps des purs — Les nouvelles valeurs de l'entreprise, David Olive
* Tests d'aptitude pour mieux choisir sa carrière, Linda et Barry Gale
* Tout ce que vous devez savoir sur le condominium, Robert Dubois
  Une carrière sur mesure, Denise Lemyre-Desautels
  L'univers de l'astronomie, Robert Tocquet
  La vente, Tom Hopkins

Affaires publiques, vie culturelle, histoire

* Artisanat québécois, tome 4, Cyril Simard et Jean-Louis Bouchard
  La baie d'Hudson, Peter C. Newman
  Beautés sauvages du Canada, Collectif
  Bourassa, Michel Vastel
  Les cathédrales de la mer, Marie-Josée Ouellet
  Le cauchemar olympique ou l'envers de la médaille, Sylvain Lake
* Claude Léveillée, Daniel Guérard
* Les conquérants des grands espaces, Peter C. Newman
  Dans la tempête — Le cardinal Léger et la révolution tranquille,
      Micheline Lachance
  La découverte de l'Amérique, Timothy Jacobson
* Dieu ne joue pas aux dés, Henri Laborit
* Duplessis, tome 1 — L'ascension, Conrad Black
* Duplessis, tome 2 — Le pouvoir, Conrad Black
* Les écoles de rang au Québec, Jacques Dorion
  L'establishment canadien, Peter C. Newman
* Le frère André, Micheline Lachance
  La généalogie, Marthe F. Beauregard et Ève B. Malak
* Gilles Villeneuve, Gerald Donaldson
* Gretzky — Mon histoire, Wayne Gretzky et Rick Reilly
* Les insolences du frère Untel, Jean-Paul Desbiens
* Larry Robinson, Larry Robinson et Chrystian Goyens
  Les mots de la faim et de la soif, Hélène Matteau
* Notre Clémence, Hélène Pedneault
* Les nouveaux riches, tome 2 — L'establishment canadien, Peter C. Newman
* Option Québec, René Lévesque
* L'or des cavaliers thraces, Collectif
  Oui, René Lévesque
  Parce que je crois aux enfants, Andrée Ruffo
  Les patients du docteur Cameron, Anne Collins
* Plamondon — Un cœur de rockeur, Jacques Godbout
* Le prince de l'église, Micheline Lachance
* Provigo, René Provost et Maurice Chartrand

* La saga des Molson, Shirley E. Woods
  Sauvez votre planète!, Marjorie Lamb
* La sculpture ancienne au Québec, John R. Porter et Jean Bélisle
* Sous les arches de McDonald's, John F. Love
* Le temps des fêtes au Québec, Raymond Montpetit
* Trudeau le Québécois, Michel Vastel
* La vie antérieure, Henri Laborit

Animaux

Le chat de A à Z, Camille Olivier
Le cheval, Michel-Antoine Leblanc
Le chien dans votre vie, Matthew Margolis et Catherine Swan
L'éducation canine, Gilles Chartier
L'éducation du chien de 0 à 6 mois, Dr Joël Dehasse et Dr Colette de Buyser
* Encyclopédie des oiseaux du Québec, W. Earl Godfrey
Le guide astrologique de votre chat, Eliane K. Arav
Le guide de l'oiseau de compagnie, Dr R. Dean Axelson
* Mon chat, le soigner, le guérir, Dr Christian d'Orangeville
* Nos animaux, D. W. Stokes et L. Q. Stokes
* Nos oiseaux, tome 1, Donald W. Stokes
* Nos oiseaux, tome 2, Donald W. Stokes et Lillian Q. Stokes
* Nos oiseaux, tome 3, Donald W. Stokes et Lillian Q. Stokes
* Nourrir nos oiseaux toute l'année, André Dion et André Demers
Vous et vos oiseaux de compagnie, Jacqueline Huard-Viaux
Vous et vos poissons d'aquarium, Sonia Ganiel
Vous et votre bâtard, Ata Mamzer
Vous et votre Beagle, Martin Eylat
Vous et votre Beauceron, Pierre Boistel
Vous et votre Berger allemand, Martin Eylat
Vous et votre Bernois, Pierre Van Der Heyden
Vous et votre Bobtail, Pierre Boistel
Vous et votre Boxer, Sylvain Herriot
Vous et votre Braque allemand, Martin Eylat
Vous et votre Briard, Pierre Van Der Heyden
Vous et votre Bulldog, Pierre Van Der Heyden
Vous et votre Bullmastiff, Pierre Van Der Heyden
Vous et votre Caniche, Sav Shira
Vous et votre Chartreux, Odette Eylat
Vous et votre chat de gouttière, Annie Mamzer
Vous et votre chat tigré, Odette Eylat
Vous et votre Chihuahua, Martin Eylat
Vous et votre Chow-chow, Pierre Boistel
Vous et votre Cockatiel (Perruche callopsite), Michèle Pilotte
Vous et votre Cocker américain, Martin Eylat
Vous et votre Collie, Léon Éthier
Vous et votre Dalmatien, Martin Eylat
Vous et votre Danois, Martin Eylat
Vous et votre Doberman, Paula Denis
Vous et votre Épagneul breton, Sylvain Herriot
Vous et votre Fox-terrier, Martin Eylat
Vous et votre furet, Manon Paradis
Vous et votre Golden Retriever, Paula Denis
Vous et votre Husky, Martin Eylat
Vous et votre Labrador, Pierre Van Der Heyden

Cuisine et nutrition

Plein air, sports, loisirs

Guide des jeux scouts, Association des Scouts du Canada
Le guide de survie de l'armée américaine, Collectif
Guide de survie en forêt canadienne, Jean-Georges Desheneaux
La guitare, Peter Collins
La guitare sans professeur, Roger Evans
J'apprends à dessiner, Joanna Nash
J'apprends à nager, Régent la Coursière
Je me débrouille à la chasse, Gilles Richard
Je me débrouille à la pêche, Serge Vincent
Jeux pour rire et s'amuser en société, Claudette Contant
* Jouez gagnant au golf, Luc Brien et Jacques Barrette
Jouons au scrabble, Philippe Guérin
Le karaté Koshiki, Collectif
Le livre des patiences, Maria Bezanovska et Paul Kitchevats
* Maîtriser son doigté sur un clavier, Jean-Paul Lemire
Manuel de pilotage, Transport Canada
Le manuel du monteur de mouches, Mike Dawes
Le marathon pour tous, Pierre Anctil, Daniel Bégin et Patrick Montuoro
La médecine sportive, Dr Gabe Mirkin et Marshall Hoffman
La musculation pour tous, Serge Laferrière
* La nature en hiver, Donald W. Stokes
* Les papillons du Québec, Christian Veilleux et Bernard Prévost
* Partons en camping!, Archie Satterfield et Eddie Bauer
Partons sac au dos, Archie Satterfield et Eddie Bauer
Les passes au hockey, Claude Chapleau, Pierre Frigon et Gaston Marcotte
Photos voyage, Louis-Philippe Coiteux et Michel Frenette
Le piano jazz sans professeur, Bob Kail
Le piano sans professeur, Roger Evans
La planche à voile, Gérald Maillefer
La plongée sous-marine, Richard Charron
Le programme 5BX, pour être en forme,
Racquetball, Jean Corbeil
Racquetball plus, Jean Corbeil
Les règles du golf, Yves Bergeron
Rivières et lacs canotables du Québec, Fédération québécoise du canot-camping
S'améliorer au tennis, Richard Chevalier
Le saumon, Jean-Paul Dubé
* Le scrabble, Daniel Gallez
Les secrets du baseball, Jacques Doucet et Claude Raymond
Le solfège sans professeur, Roger Evans
La technique du ski alpin, Stu Campbell et Max Lundberg
Techniques du billard, Robert Pouliot
Le tennis, Denis Roch
Le tissage, Germaine Galerneau et Jeanne Grisé-Allard
Tous les secrets du golf selon Arnold Palmer, Arnold Palmer
La trompette sans professeur, Digby Fairweather
Le violon sans professeur, Max Jaffa
Le vitrail, Claude Bettinger
Le volley-ball, Fédération de volley-ball

Psychologie, vie affective, vie professionnelle, sexualité

30 jours pour redevenir un couple heureux, Patricia K. Nida et Kevin Cooney
30 jours pour un plus grand épanouissement sexuel, Alan Schneider et
  Deidre Laiken

Santé, beauté

* L'ablation de la vésicule biliaire, Jean-Claude Paquet
Alzheimer — Le long crépuscule, Donna Cohen et Carl Eisdorfer
L'arthrite, Dr Michael Reed Gach
Charme et sex-appeal au masculin, Mireille Lemelin
Comment arrêter de fumer pour de bon, Kieron O'Connor, Robert Langlois et Yves Lamontagne
Comment devenir et rester mince, Dr Gabe Mirkin
De belles jambes à tout âge, Dr Guylaine Lanctôt
Dormez comme un enfant, John Selby
Dos fort bon dos, David Imrie et Lu Barbuto
Être belle pour la vie, Bronwen Meredith
Le guide complet des cheveux, Philip Kingsley
L'hystérectomie, Suzanne Alix
Initiation au shiatsu, Yuki Rioux
Maigrir: la fin de l'obsession, Susie Orbach
Le manuel Johnson & Johnson des premiers soins, Dr Stephen Rosenberg
Les maux de tête chroniques, Antonia Van Der Meer
Maux de tête et migraines, Dr Jacques P. Meloche et J. Dorion
Mini-massages, Jack Hofer
Perdre son ventre en 30 jours, Nancy Burstein
Programme XBX de l'aviation royale du Canada, Collectif
Le régime hanches et cuisses, Rosemary Conley
Le rhume des foins, Roger Newman Turner
Ronfleurs, réveillez-vous!, Jocelyne Delage et Jacques Piché
Savoir relaxer — Pour combattre le stress, Dr Edmund Jacobson
Le supermassage minute, Gordon Inkeles
Le syndrome prémenstruel, Dr Caroline Shreeve
Vivre avec l'alcool, Louise Nadeau

Ouvrages parus au Jour

Affaires, loisirs, vie pratique

L'affrontement, Henri Lamoureux
* **Auberges et relais de campagne du Québec**, François Trépanier
Les bains flottants, Michael Hutchison
* **La bibliothèque des enfants**, Dominique Demers
Bien s'assurer, Carole Boudreault et André Lafrance
Le bridge, Denis Lesage
Le cœur de la baleine bleue, Jacques Poulin
Conte pour buveurs attardés, Michel Tremblay
* **La France à la québécoise**, André Bergeron et Émile Roberge
Guide des destinations soleil, André Bergeron
* **Le guide du répondeur bien branché**, Robert Blondin et Lucie Dumoulin
J'avais oublié que l'amour fût si beau, Évette Doré-Joyal
Jean-Paul ou les hasards de la vie, Marcel Bellier
Oslovik fait la bombe, Oslovik

Ésotérisme, santé, spiritualité

L'astrologie pratique, Wofgang Reinicke
Couper du bois, porter de l'eau — Comment donner une dimension spirituelle à la
  vie de tous les jours, Collectif
Le grand livre de la cartomancie, Gerhard von Lentner
Grand livre des horoscopes chinois, Theodora Lau
Grossesses à risque et infertilité — Les solutions possibles, Diana Raab
Les hormones dans la vie des femmes, Dr Lois Javanovic et
  Genell J. Subak-Sharpe
Pour en finir avec l'hystérectomie, Dr Vicki Hufnagel et Susan K. Golant
Le tao de longue vie, Chee Soo
Traité d'astrologie, Huguette Hirsig

Essais et documents

17 tableaux d'enfant, Pierre Vadeboncoeur
*L'accord, Georges Mathews
L'administration et le développement coopératif, Marcel Laflamme et
  André Roy
À la recherche d'un monde oublié, N. Laurin, D. Juteau et L. Duchesne
*Les années Trudeau — La recherche d'une société juste, T. S. Axworthy et
  P. E. Trudeau
Carmen Quintana te parle de liberté, André Jacob
Le Dragon d'eau, R. F. Holland
*Élise Chapdelaine, Marielle Denis
*Elle sera poète, elle aussi! Liliane Blanc
En première ligne, Jocelyn Coulon
Expériences de démocratie industrielle — Vers un nouveau contrat social, Marcel
  Laflamme
*Femmes de parole, Yolande Cohen
*Femmes et politique, Yolande Cohen, Andrée Yanacopoulo et Nicole Brossard
Le français, langue du Québec, Camille Laurin
Hiérarchie ethnique dans la grande entreprise, Jean-Marie Rainville
La maison de mon père, Sylvia Fraser
Merci pour mon cancer, Michelle de Villemarie

Psychologie, vie affective, vie professionnelle, sexualité

Adieu, Dr Howard M. Halpern
Aimer, c'est choisir d'être heureux, Barry Neil Kaufman
Aimer son prochain comme soi-même, Joseph Murphy
Apprendre à vivre et à aimer, Léo Buscaglia
Arrête! tu m'exaspères — Protéger son territoire, Dr George Bach et
  Ronald Deutsch
L'art d'engager la conversation et de se faire des amis, Don Gabor
L'art d'être égoïste, Josef Kirschner
Au centre de soi, Dr Eugene T. Gendlin
Augmentez la puissance de votre cerveau, A. Winter et R. Winter
Le burnout, Collectif
La célébration sexuelle, Ma Premo et M. Geet Éthier
Ces hommes qui ne communiquent pas, Steven Naifeh et
  Gregory White Smith

---

* Pour l'Amérique du Nord seulement